O AMOR NA RELAÇÃO TERAPÊUTICA

Uma visão gestáltica

Dados Internacionais de Catalogação na Publicação (CIP)
(Câmara Brasileira do Livro, SP, Brasil)

Cardella, Beatriz Helena Paranhos
O amor na relação terapêutica: uma visão gestáltica / Beatriz Helena Paranhos Cardella. São Paulo: Summus, 1994.

Bibliografia.
ISBN 978-85-323-0464-3

1. Amor (Aspectos psicológicos) 2. Gestalt (Psicologia) 3. Gestalt-terapia I. Título.

94-2909 CDD-150.1982

Índice para catálogo sistemático:

1. Amor: Psicologia da gestalt 150.1982

Compre em lugar de fotocopiar.
Cada real que você dá por um livro recompensa seus autores
e os convida a produzir mais sobre o tema;
incentiva seus editores a encomendar, traduzir e publicar
outras obras sobre o assunto;
e paga aos livreiros por estocar e levar até você livros
para a sua informação e o seu entretenimento.
Cada real que você dá pela fotocópia não autorizada de um livro
financia o crime
e ajuda a matar a produção intelectual de seu país.

O AMOR NA RELAÇÃO TERAPÊUTICA

Uma visão gestáltica

Beatriz Helena Paranhos Cardella

summus editorial

O AMOR NA RELAÇÃO TERAPÊUTICA
Uma visão gestáltica
Copyright © 1994 by Beatriz Helena Paranhos Cardella
Direitos desta edição reservados por Summus Editorial

Capa: **Carlos Zuffelato/Paulo Humberto Almeida**

4ª reimpressão, 2020

Summus Editorial
Departamento editorial
Rua Itapicuru, 613 – 7º andar
05006000 – São Paulo – SP
Fone: (11) 3872-3322
http://www.summus.com.br
e-mail: summus@summus.com.br

Atendimento ao consumidor
Summus Editorial
Fone: (11) 3865-9890

Vendas por atacado
Fone: (11) 3873-8638
e-mail: vendas@summus.com.br

Impresso no Brasil

Dedico este livro a Maria Valéria Silvestre, um profundo e verdadeiro encontro. É dedicado a Antonio Fernandes, que me ensina a crescer e a descobrir o brilho do amor. A meus pais, Julio e Sonia, com toda a gratidão. E a todos os que rompem os grilhões do medo e encontram no amor o sentido de seu caminhar.

"Ainda quando eu falasse a língua dos homens, e mesmo a língua dos anjos, se não tivesse amor não seria senão um bronze sonante e um címbalo retumbante; e quando eu tivesse o dom da profecia, penetrasse todos os mistérios e tivesse uma perfeita ciência de todas as coisas; quando tivesse toda a fé possível, até transportar as montanhas, se não tivesse amor, eu nada seria. E quando tivesse distribuído meus bens para alimentar os pobres, e tivesse entregue meu corpo para ser queimado, se não tivesse amor, tudo isso não me serviria de nada.

"O amor é paciente; é doce e benfazejo; o amor não é invejoso; não é temerário e precipitado; não se enche de orgulho; não é desdenhoso; não procura seus próprios interesses; não se melindra e não se irrita com nada; não suspeita mal; não se regozija com a injustiça, mas com a verdade; tudo suporta, tudo crê, tudo espera, tudo sofre.

"Agora, estas três virtudes: a fé, a esperança e o amor, permanecem; mas entre elas, a mais excelente é o amor".
São Paulo, 1ª Epístola aos Coríntios, cap. XIII, v. de 1 a 7 e 13.

Agradecimentos

Minha gratidão aos meus clientes pela coragem do mergulho interior e por compartilharem comigo o mais profundo do seu ser.

Agradeço a Lilian Meyer Frazão, pelo apoio, pela vibração e por me ensinar tanto, com seu exemplo de dignidade, competência e humanidade.

Minha gratidão a Angela Piccolotto Naccaratto, Diana Tosello Laloni e Liliana Serger Jacob, por regarem as sementes, hoje transformadas em flores e frutos.

A realização deste livro contou com a disponibilidade carinhosa de Sérgio Zlotnic, Miriam Bove Fernandes, Ari Rehfeld, Selma Ciornai, Jean Clark Juliano e Keila Pavani; obrigada pelo muito que me ensinaram sobre a arte de ser terapeuta.

Minha eterna gratidão a minha avó Wanda Sadzevicius Paranhos e a todos os meus amigos no Amor, sempre, sempre presentes, e fonte da mais pura inspiração.

SUMÁRIO

Apresentação 11

Capítulo 1
O AMOR E SUAS MANIFESTAÇÕES
1. O homem atual 13
2. O amor 15
3. As manifestações do amor 22
3.1. O amor por si mesmo 22
3.2. O amor fraterno 24
3.3. O amor materno 25
3.4. O amor erótico 27
3.5. O "amor" romântico ou paixão 32
3.6. O amor a Deus 37
3.7. O amor e a criança 39

Capítulo 2
DIFICULDADES DE AMAR E O COMPORTAMENTO
NEURÓTICO: ALGUMAS CORRELAÇÕES
1. O amor e o ritmo contato-fuga 41
2. Distúrbios de contato e as dificuldades para o amor .. 43
3. As camadas da neurose e a atualização do potencial amoroso .. 51

Capítulo 3
O AMOR TERAPÊUTICO
1. O amor terapêutico e sua manifestação 56
2. O amor terapêutico e a vivência da polaridade feminina 71
3. O amor terapêutico e o resgate da espiritualidade 72

Bibliografia 77

APRESENTAÇÃO

Muito já se escreveu sobre o amor; é tema constante de poetas, filósofos, teólogos e romancistas, na tentativa de desvendar seus mistérios e clarear suas feições.

O tema é absolutamente atual nestes tempos em que o amor encontra-se tão obscurecido. Precisamos permitir que algo ou alguém nos "toque" com suavidade, para que as cores do amor adquiram novamente significado em nossas vidas.

Faz parte do trabalho do terapeuta restaurar no homem as feridas do desamor, resgatando nele a possibilidade amorosa. É o amor a serviço do resgate da amorosidade.

Este livro trata do amor na relação entre cliente e terapeuta, e esta questão é provavelmente tão antiga quanto a própria terapia. Através da ótica da Gestalt-terapia, Beatriz Cardella aborda, de forma pioneira, o amor como instrumento e alicerce primeiro do trabalho terapêutico.

O que a autora apresenta vai além do conhecimento e da prática que o ofício de terapeuta requer. Ela nos fala do amor no contexto específico da relação que se estabelece entre terapeuta e cliente. Que amor é esse? Como se constitui? Quais seus perigos? Como esse amor se diferencia de todos os outros?

Com muito cuidado e sabedoria Beatriz nos introduz ao tema, discriminando os diferentes tipos de amor que subjazem aos diferentes tipos de relações do homem. Ela percorre o caminho dos vários significados que o amor assume: o amor fraterno, o amor materno, o amor erótico, o amor romântico, o amor a Deus, para finalmente nos esclarecer a respeito dessa atitude na relação terapêutica.

É um livro escrito para todos os que desejam encontrar ou compreeender o fenômeno do amor em suas múltiplas formas e facetas. Esclarece muitos mal-entendidos e confusões que se fazem pela má compreensão do significado particular que o amor assume no contexto da relação entre cliente e terapeuta.

Trata-se de um material de valor inestimável, tanto para leigos quanto para terapeutas; tanto para os que se iniciam no difícil ofício de terapeuta, quanto para aqueles que constantemente se questionam a esse respeito.

Lilian Meyer Frazão

CAPÍTULO 1

O AMOR E SUAS MANIFESTAÇÕES

> "A psicologia como a Ciência tem suas limitações e, assim como a conseqüência lógica da teologia é o misticismo, também a conseqüência derradeira da psicologia é o amor."
>
> ERICH FROMM

1. O HOMEM ATUAL

O amor sempre se caracterizou como uma das questões existenciais básicas do ser humano; é um de seus maiores desejos e uma busca permanente. Mesmo sendo o mais profundo "elo" de ligação entre as pessoas, as dificuldades relacionadas ao Amor são inúmeras, e sempre fizeram parte da realidade humana.

A partir da Idade Média, a sociedade ocidental desenvolveu-se como uma cultura patriarcal, e valores como poder, autoridade, força, lógica e intelectualidade passaram a dominar e prevalecer nas relações humanas. Em contrapartida, diversos aspectos da experiência e da realidade como o amor, os sentimentos, a intuição, a receptividade e a sensibilidade foram negligenciados pelo próprio homem em busca de progresso e de poder.

Atualmente, o homem ocidental sofre as conseqüências dessa polarização de valores e atitudes, sentindo-se solitário, vazio e desesperançado com a própria humanidade em meio às conquistas e avanços tecnológicos, que o levaram a distanciar-se de sua própria natureza. Esse mesmo homem busca o "elo perdido" de sua felicidade e bem-estar. Reconhece-se isolado e cheio de receios diante de seus semelhantes. Percebe que as relações e sua capacidade para amar e sentir-se amado não evoluíram tanto quanto seu intelecto, seu poder de raciocínio. Busca meios e formas (nem sempre eficazes) para sentir-se amado, aceito e valorizado, de dar sentido a suas realizações.

"O homem moderno abandona sua própria experiência para assumir um modo de ser que lhe trará amor. Mas a fachada que adota é proveniente apenas de seus pais ou de algumas pessoas. Não existe qualquer fachada que proporcione segurança. Portanto, o homem moderno vivencia, a um grau provavelmente antes desconhecido, sua solidão, seu estar excluído, seu isolamento, tanto no que se refere a seu ser mais profundo, como em relação aos outros". (Rogers, 1977.)

No contexto terapêutico, observo que as dificuldades relativas à vivência do amor estão freqüentemente presentes, seja no modo como o cliente estabelece a relação com o terapeuta, seja no conteúdo das verbalizações, das queixas, da história de vida, das fantasias, dos sonhos, e até na postura corporal. Observo que, quanto mais carentes de amor e aceitação alguns clientes se apresentam, mais isolamento, desconfiança e descrença manifestam em suas relações, que ficam comprometidas em sua qualidade. Muitos não se sentem amados, percebem-se incapazes de amar, de discriminar e expressar sentimentos, além de desconhecerem a experiência de entrega e plenitude em seus relacionamentos. Alguns confundem amor com paixão, carência, sexualidade, solidão, e conseqüentemente o aprofundamento e a manutenção das relações amorosas torna-se uma "utopia" distante.

Apesar de se caracterizar como uma das maiores buscas do ser humano, o relacionamento amoroso parece ser, paradoxalmente, um de seus maiores temores. Em conseqüência desses temores, manifestamos movimentos ambivalentes de aproximação e afastamento em relação às experiências amorosas. A atitude ambivalente gera uma série de conflitos e impasses nos relacionamentos, dificultando, assim, a convivência e o crescimento mútuos.

Crescemos culturalmente aprendendo a nos defender e desconfiar "do amor" em nossas vidas, muita vezes, vivenciando-o como ameaça ao autocontrole e autodomínio.

Desde a infância muitas crianças aprendem a temer a própria espontaneidade, ameaçadas de perder o amor; substituem as atitudes autênticas por comportamentos que visam obter e preservar o amor dos adultos, ainda que ele seja de natureza condicional.

Desenvolvem crenças negativas sobre si mesmas e sua capacidade de despertar amor, passando a vivenciar experiências potencialmente amorosas, inundadas por ansiedade e pelo medo de que essas crenças se realizem. Podem acumular situações inacabadas no âmbito das relações afetivas que bloqueiam ou impedem o fluxo de crescimento; desenvolvem padrões rígidos e repetitivos de comportamento que dificultarão a vivência única de cada nova relação.

2. O AMOR

Tentar definir o amor é uma tarefa que a própria psicologia raramente se propôs realizar. Encontramos inúmeras concepções sobre esse fenômeno humano, porém as dificuldades para descrevê-lo e explicá-lo, ainda fazem dele um enigma.

Carl Gustav Jung[1], expressa essa dificuldade em sua biografia:

"...falta-me a coragem de procurar a linguagem capaz de exprimir adequadamente o paradoxo infinito do amor. Eros é um Kosmogonos, um criador, pai e mãe de toda a consciência. A fórmula condicional de São Paulo: ...se eu não tiver amor... parece-me ser o primeiro de todos os conhecimentos e a própria essência da divindade...
Tanto minha experiência médica como minha vida pessoal colocaram-me constantemente diante do mistério do amor e nunca fui capaz de dar-lhe uma resposta válida... O que quer que diga, palavra alguma abarcará o todo... O amor (a caridade) desculpa tudo, acredita em tudo, espera tudo, suporta tudo. (I Cor XIII,7)... Pois nós somos, no sentido mais profundo, as vítimas, ou os meios ou instrumentos do "amor"

cosmogônico. Coloco esta palavra entre aspas para indicar que não entendo por ela simplesmente um desejo, uma preferência, uma predileção, um anelo ou sentimentos semelhantes, mas um todo, uno e indivisivo, que se impõe ao indivíduo... "O amor (a caridade) nunca termina", quer o homem "fale pela boca dos anjos " ou persiga com uma meticulosidade científica, nos últimos recantos, a vida na célula."

O "amor" é um tema intensamente explorado na literatura universal. O discurso sobre o amor é a base, ou o eixo central, de várias correntes religiosas, além de ser uma questão permanente no âmbito da filosofia. Para a ciência, contudo, permanece um fenômeno inexplorado.

Apesar das dificuldades para se definir o amor, tentarei elaborar uma concepção própria, que, obviamente, não atinge a totalidade do fenômeno, porém se configura na tentativa de descrevê-lo a partir de uma síntese entre o vivido e o conhecido através de estudos e observações.

Ao longo deste capítulo, mencionarei diferentes concepções de autores conhecidos, de modo a permitir ao leitor a compreensão das idéias a serem desenvolvidas.

Concebo o amor como um estado e um modo de ser caracterizados pela integração e diferenciação de um indivíduo, que lhe permite ver, aceitar e encontrar o outro como único, singular e semelhante na condição de humano. O estado de amor pressupõe capacidade de auto-satisfação de necessidades emocionais, como aceitação, valorização, proteção e confirmação, o que minimiza as necessidades e os desejos em relação aos outros. O amor é a polaridade oposta do egocentrismo e do sofrimento de natureza emocional. Em estado de amor, podemos nos apresentar disponíveis ao outro, porém, o outro só poderá *compartilhar* o amor a partir do próprio estado de amor. Dessa forma, o amor pode ser *recebido* apenas em estado de amor, para ser percebido, sentido ou vivido.

O estado de amor permite-nos apreciar as qualidades e potenciais de outra pessoa e aceitar suas limitações como um ser em aprendizado e crescimento. O amor é de natureza incondicional, o que implica a capacidade de amar o *diferente* e não apenas o semelhante. Isso não significa permitir ou concordar totalmente com as atitudes e os modos de ser do outro, mas sim aceitar as diferenças. O amor implica a capacidade de estabelecer *limites* entre si e o outro, um *contato* de boa qualidade e *retração,* além de espontaneidade e autenticidade.

O amor, quando recíproco na relação, proporciona aos indivíduos um sentimento de plenitude mútua. Porém, na condição de humanos torna-se praticamente impossível permanecer em estado de amor constante. Assim, a reciprocidade amorosa é ainda mais raramente vivida, apesar de ser intensamente procurada pelo homem em todos os tempos. O estado de amor, além de possibilitar o verdadeiro Encontro, proporciona um sentimento de transcendência de si mesmo e de harmonia com a humanidade e a existência; envolve maturidade emocional, responsabilidade e posse da própria vida, auto-sustentação e independência em relação aos demais.

Refiro-me aqui ao estado de amor do indivíduo adulto. Penso que a criança também é capaz de amar, porém é um estado de amor cujas manifestações possuem características diferenciadas do adulto. No próximo capítulo, farei uma breve referência ao amor da criança, já que o presente estudo relaciona-se especificamente ao fenômeno do amor na relação entre indivíduos adultos.

Torna-se inconcebível a manifestação do estado amoroso num indivíduo dependente de outros, emocionalmente imaturo, ou bloqueado seriamente em seu processo de crescimento. Contudo, esse mesmo indivíduo será capaz de estabelecer relações de natureza simbiótica e não amorosa pois, em geral, transforma o outro em "objeto" de satisfação de suas necessidades emocionais básicas. Assim, o indivíduo que apresenta bloqueios cristalizados de crescimento permanece em estado de conflito, de sofrimento e insatisfação, que são polaridades opostas ao estado amoroso.

Desta forma, relaciono a capacidade de amar com o desenvolvimento do self* e da autenticidade. A capacidade de amar desen-

---

* Self: "Sistema de contato ou interações com o ambiente... Sistema de excitação,

volve-se concomitantemente à capacidade de ser único, inteiro e diferenciado. Para alguns autores junguianos, faz-se necessária a integração de polaridade das personalidade do indivíduo (principalmente "masculina" e "feminina"), de modo a minimizar a ocorrência de projeções sobre o outro na relação.

Para Erich Fromm (1990), "o amor não é uma relação com uma pessoa específica; é uma atitude, uma *orientação de caráter,* que determina a relação de alguém para com o mundo como um todo, e não *para com um 'objeto' de amor".*

O estado de amor determina a maneira como nos relacionamos com a vida em geral, desde o cuidado com uma planta, com um animal de estimação, até a gentileza e o respeito por um estranho e o compartilhar profundo da própria vida com pessoas significativas. Torna-se inconcebível um indivíduo em estado de amor conseguir apenas manifestar atitudes amorosas em relação aos mais próximos e agir com indiferença, desprezo ou desrespeito em suas relações mais distantes e superficiais.

O estado de ser amoroso envolve um sentimento de "bemquerer" à vida e aos outros seres humanos. Obviamente, as relações diferenciam-se, dependendo do nível de envolvimento, da profundidade e da identificação entre os indivíduos, assim como das manifestações amorosas que se relacionam com a intimidade, cumplicidade e reciprocidade entre as pessoas envolvidas.

O amor entre os seres humanos é uma das realidades absolutas da natureza humana. Assim como a Alma—Psiquê — era uma das deidades do panteão grego, o Amor também era um deus e seu nome era Eros.

Por ser um arquétipo do inconsciente coletivo, os gregos o viam como sendo eterno e universal... Como um deus, o amor comporta-se como uma "pessoa" na psique. Quando eu digo que "amo", não sou eu quem ama; na realidade, é o amor que age através de mim.

---

orientação, manipulação, identificações e alienações... é o integrador da experiência". (Kepner, 1987)

O amor não é algo que faço, mas algo que sou, ele não é um fazer, é um estado de ser... (Johnson, 1987).

O amor, capacita-nos a perceber e participar da existência do outro; permite-nos transcender nossas limitações e é a grande força geradora do crescimento pessoal, através da relação com outros seres humanos.

"... o amor não é basicamente um sentimento; ele é a semente da mutualidade... Aquilo que começa em ego deve compreender-se e efetivar-se em mutualidade." (Rudhyar, s.d.).

O vocábulo "mútuo" vem do latim *muto*, que significa mudar. Mutualidade quer dizer, portanto, mudança. Essa é uma das características do estado de ser amoroso: a capacidade para aceitar e conviver com mudanças em si e no outro. Muitas relações pretensamente amorosas, desfazem-se, justamente em razão de os parceiros evitarem, impedirem ou resistirem às mudanças pessoais e do relacionamento. Muitas vezes, as mudanças ocorridas no transcorrer do convívio são vivenciadas como verdadeira ameaça à manutenção da relação e não como sinal de crescimento e amadurecimento individual e do relacionamento. Assim, o amor implica "entrega" ou disponibilidade para relacionar-se, conviver com o desconhecido e o mutante, e a capacidade de valorizar o conhecido e nele se aprofundar.

Erich Fromm (1990) refere-se ao amor como:

"...a resposta amadurecida ao problema da existência... A resposta completa está na realização da unidade interpessoal, da fusão com outra pessoa: está no amor. ... o amor amadurecido é a união sob a condição de preservar a própria individualidade. O amor leva-o (o homem) a superar o sentimento de isolamento e de separação, permitindo-lhe, porém, ser ele mesmo, reter sua integridade. No amor ocorre o paradoxo de que dois seres sejam um e, contudo, permaneçam dois."

Martin Buber (1974), filósofo que muito contribuiu para a compreensão do encontro humano, afirmou:

"*Os sentimentos, nós os possuímos, o amor acontece... O amor não está ligado ao Eu de tal modo que o Tu fosse considerado um conteúdo, um objeto: ele se realiza entre o Eu e o Tu. Aquele que desconhece isso, e o desconhece na totalidade de seu ser, não conhece o amor, mesmo que atribua ao amor os sentimentos que vivencia, experimenta, percebe, exprime. O amor é uma força cósmica. Aquele que habita e contempla no amor, os homens se desligam do seu emaranhado confuso próprio das coisas; (...) e então ele pode agir, ajudar, curar, educar, elevar, salvar. O amor é responsabilidade de um EU para com um TU: nisto consiste a igualdade daqueles que amam, igualdade que não pode consistir em um sentimento qualquer, igualdade que vai do menor, ao maior, do mais feliz e seguro, daquele cuja vida está encerrada na vida de um ser amado, até aquele crucificado durante sua vida, na cruz do mundo por ter podido e ousado algo inacreditável: amar os homens*".

É possível observar a similaridade das concepções de Erich Fromm e Buber: o primeiro enfatiza o amor como fusão, com a preservação da integridade própria, o segundo, como algo que acontece entre o **Eu** e o **Tu**. Mais uma vez, o amor é concebido como o "**compartilhar**", entre dois seres íntegros e diferenciados. Assim, para que ocorra a reciprocidade, o estado de ser amoroso em relação a si mesmo é necessário, pois capacita a pessoa a amar os demais.

"A pessoa amorosa não somente vê os traços e características essenciais da pessoa amada, como também vê o que está em potencial nela, o que não se concretizou ainda, mas que, contudo, deveria ser concretizado. Ao tornar a pessoa amada consciente do que pode ser..., a pessoa amorosa faz com que essas potencialidades se concretizem." (Frankl, 1987.)

Essa é uma importante capacidade da pessoa amorosa: a confiança no outro e a credibilidade nas suas potencialidades, favorecendo assim o crescimento do ser amado. Acreditar no potencial do outro significa facilitar o encontro dele consigo mesmo.

Fritz Perls (1987), o criador da Gestalt-terapia, enfatiza a raridade da experiência amorosa: *"Nós geralmente não amamos uma pessoa. Isso é muito raro. Nós amamos uma qualidade desta pessoa, que é idêntica ao nosso comportamento ou complementar ao nosso comportamento, geralmente alguma coisa que nos complementa. Nós pensamos que estamos apaixonados pela pessoa total, e na realidade existem outros aspectos da pessoa que nos desagradam."*

Acredito que Fritz Perls refere-se a um fenômeno diferenciado do amor, ou seja, a "paixão", a ser abordado no decorrer deste capítulo.

Para Sanford, (1986):
"Ser capaz de um amor real significa amadurecer, estimulando expectativas realistas em relação às outras pessoas. Significa aceitar a responsabilidade por nossa própria felicidade ou infelicidade, sem esperar que a outra pessoa nos faça felizes e sem censurá-la como se fosse responsável pelas nossas más disposições e frustrações. Naturalmente, isso torna o relacionamento real um problema difícil, em favor do qual devemos trabalhar; mas, felizmente, as compensações existem, porque somente através desse caminho nossa capacidade de amar amadurece".

Todas as formas de amor implicam certas atitudes básicas em relação ao outro como: cuidado, responsabilidade, respeito e conhecimento. "O amor é preocupação ativa pela vida e crescimento daquilo que amamos" (Fromm, 1990).

A responsabilidade envolve uma resposta às necessidades do outro indivíduo. Na relação mãe-criança, a responsabilidade refere-se ao cuidado das necessidades físicas e emocionais da criança. Mas no amor entre indivíduos maduros, a responsabilidade é a capacidade de responder às necessidades psicológicas da outra pessoa, o que não significa supri-las permanentemente, e sim, considerá-la na relação como alguém vulnerável às atitudes e aos comportamentos próprios.

O terceiro elemento ou atitude é o respeito, ou a capacidade de ver uma pessoa como ela é, conhecer sua individualidade.

Outro elemento fundamental do amor é o "conhecimento", só possível quando transcendemos a nós mesmos para percebermos o outro como ele é. O que possibilita essa transcendência é o autoconhecimento, ou a capacidade de ver, aceitar e responder às próprias necessidades, desejos e modos de ser; só assim é possível caminhar de forma autêntica e verdadeira ao encontro do outro desconhecido.

O amor manifesta-se, então, como uma atitude diante da vida, do mundo, da humanidade, do desconhecido e do mais próximo. Há, porém, diferentes manifestações de amor, que dependem da espécie do objeto amado e da intimidade, do envolvimento e da reciprocidade na relação.

A seguir, tentarei descrever e diferenciar as seguintes manifestações de amor: o amor por si mesmo, o amor fraterno, o amor materno (e paterno), o amor erótico, o "amor" romântico, o amor a Deus, e o amor na infância.

3. AS MANIFESTAÇÕES DO AMOR

3.1 O amor por si mesmo

> *"Cada um de nós tem um Eu superior, que nos ama com perfeito e incondicional amor, e está sempre conosco para nos ajudar, abrindo caminho."*
>
> SARA MARIOT

O amor manifesta-se numa atitude que é a mesma para com

todos, incluindo "si mesmo". A Bíblia dita o mandamento "Amar ao próximo como a si mesmo" como uma de suas máximas principais. Amar a si mesmo é a primeira condição necessária para sermos capazes de estabelecer quaisquer relações amorosas.

É importante diferenciar o "amor por si mesmo" do "egocentrismo" com o qual é muitas vezes confundido. São conceitos fundamentalmente opostos. O indivíduo egocentrado interessa-se e preocupa-se consigo mesmo, buscando receber aquilo que não é capaz de oferecer. É incapaz de encontrar-se em estado de amor. Freud afirma que a pessoa egoísta é narcisista; retira seu amor dos outros para si própria. Para ele, o amor próprio é idêntico ao narcisismo, o retorno da libido para si mesmo. O narcisismo é a mais antiga etapa do desenvolvimento humano; a pessoa que mais tarde na vida volta à etapa narcisista fica impedida de amar.

De certa forma, Freud considera o amor por si mesmo e a capacidade de amar o outro como mutuamente exclusivos; iguala o mecanismo narcísico neurótico ao amor por si mesmo, mas são fenômenos bastante diferenciados.

O amor por si mesmo envolve a aceitação incondicional do próprio ser, o que não significa a incapacidade de reconhecer-se limitado; ao contrário, é a capacidade de ver-se, ouvir-se, compreender-se e respeitar-se, e de ter atitudes amorosas também com as outras pessoas. Envolve também a confirmação de si próprio. Confirmar é um ato de amor, é reconhecer a outra pessoa como alguém que existe em sua forma singular e que tem o direito fazê-lo. Confirmar a si mesmo é reconhecer a própria existência, validar-se como um ser humano único, considerar as próprias potencialidades e compreender as limitações.

Nós confirmamos a nós mesmos se recebemos a confirmação de outros, e se os outros podem nos confirmar, é porque nós aceitamos sua confirmação. A experiência da confirmação está, então no cerne do desenvolvimento do amor por si mesmo e da capacidade de amar o outro. A confirmação condicional, ao contrário, acarreta dificuldades profundas, que impedem e bloqueiam o crescimento.

*"Muitos de nós infelizmente experienciamos uma confirmação de natureza muito diferente, uma confirmação condicional. A muitos de nós se oferece efetivamente um contato que diz: 'Nós o confirmaremos somente se você se conformar ao nosso modelo de criança boa...' Assim que aceitamos esse pacto... somos colocados num duplo vínculo (compromisso). Sabemos... que não somos nós que estamos sendo confirmados, mas, mais exatamente o papel que estamos desempenhando para agradar a outros que nos são significativos ... Internalizamos a proposição de que se não agirmos dessa maneira **não podemos** ser confirmados porque não somos dignos de amor."* (Jourard, em Friedman, s.d.)

Em geral, a crença de "não ser digno de amor" encontra-se no cerne do indivíduo que manifesta dificuldades para amar. A criança confirmada condicionalmente, aos poucos vai "perdendo" a espontaneidade por sentir-se ameaçada de perder o amor dos pais, caso não se comporte, não sinta e não pense como eles desejam. Ainda assim o amor condicional é buscado e aceito pela criança, pois a ausência do amor acarreta uma "ferida" muito maior. Quando a criança não se sente digna de amor pelo que ela é, desenvolve uma auto-imagem negativa e, conseqüentemente, baixa auto-estima. Como pode amar a si mesma, se "não é digna de amor"? Por não ter recursos que a capacitem perceber a incapacidade dos pais de amar incondicionalmente, a criança dirige sua hostilidade e frustração para si mesma, e desenvolve culpa, vergonha, sentimentos de inferioridade e menos valia, inibindo gradativamente o seu potencial para amar a si mesma, os que a cercam, e também para sentir-se amada.

O amor e a confirmação incondicionais recebidos na infância são essenciais para o desenvolvimento da capacidade do indivíduo de amar a si mesmo e de auto-sustentar-se.

3.2 O amor fraterno

"Basta amar profundamente um único ser, para

> *que todos os outros pareçam dignos de serem amados."*
>
> GOETHE

O amor fraterno é o amor pela humanidade, por todos os seres humanos. É a experiência da solidariedade, da semelhança, de vivenciar e compartilhar a própria humanidade. Essa manifestação de amor independe da proximidade, do convívio, das identificações e das diferenças de sexo, idade, credo, nacionalidade, raça ou posição social. É o amor pelo outro desconhecido, distante e diferente, mas semelhante em sua humanidade. O amor fraterno é a base das manifestações de amor. Só quem ama fraternalmente é capaz de amar um filho e um companheiro. O amor fraterno é o amor não exclusivo, livre da posse e do apego à pessoa amada. É ele que possibilita a aproximação e a formação de um vínculo entre as pessoas, por ser experimentado através de sentimento de familiaridade com o outro.

No amor fraterno há experiência de união, de solidariedade, de cumplicidade humana, pois baseia-se na experiência de que todos nós somos um.

3.3 O amor materno

> *"Teus filhos não são teus filhos. São filhos e filhas da vida... Podes dar-lhes teu amor, mas não teus pensamentos".*
>
> GIBRAN KHALIL GIBRAN

Diferentes de outras manifestações do amor baseadas na igualdade, o amor materno envolve, a princípio, uma relação de desigualdade, onde um dá, e o outro necessita receber, predominantemente. Este tema é, obviamente, bastante profundo e complexo, e sabemos de sua importância para o desenvolvimento psicológico da criança.

O fundamento do amor materno não está apenas no cuidado e na responsabilidade com o bebê, mas também no respeito e a "permissão" de que o outro ser cresça e se desenvolva. Sabemos, contudo, que o amor materno incondicional é raramente encontrado na maioria das relações mãe-criança. Muitas vezes a mãe considera o filho como parte dela, transformando-o em "objeto de suas necessidades narcísicas" (Kohut, 1990). Em vez de uma relação baseada no amor, com seus limites e possibilidades próprios, a mãe pode estabelecer uma relação de troca ou de barganha com a criança, ou seja, baseada no amor condicional. A criança só será amada se corresponder e realizar as mais diversas necessidades da mãe. Baseia-se aí a inautenticidade, o desenvolvimento do "*falso-self*". A criança desenvolve-se segundo as necessidades da mãe, para preservar o amor, que está ameaçado pelas diferenças.

Por ser a primeira relação de amor a ser estabelecida, a relação mãe-criança é, em geral, o primeiro campo de aprendizado para a criança sobre o amor. A partir dessa relação é que a criança desenvolverá suas atitudes, seus sentimentos e suas crenças na capacidade de ser amada e de amar.

Muitas vezes, porém, as mulheres vivenciam a maternidade para serem amadas, e não para amar. Para ser boa mãe a mulher precisa ter a capacidade de amar a si mesma, de amar o companheiro, e outros seres humanos. De outro modo, o filho poderá se transformar numa extensão dela mesma, num "objeto" para a satisfação de suas necessidades narcísicas, numa fonte de ameaça ou de suprimento de sua auto-estima, e não um ser que necessita de seu amor, sua maturidade e responsabilidade, para aprender a ser amoroso, maduro e responsável ao longo da sua própria vida.

A mãe verdadeiramente amorosa é afetiva não só quando a criança necessita de seus cuidados. Ela é capaz de estimulá-la a crescer, suportando a separação, e continuando a amar. O que diferencia o amor materno da possessividade é a capacidade que a mãe tem de ajudar o filho a separar-se dela; ajuda-o a crescer, a tornar-se independente, a realizar as próprias escolhas e ser capaz de amar e se entregar a outros seres humanos, além de si mesma.

Esse é o grande desafio da experiência da maternidade: doar-se, dedicar-se e abster-se de recompensas pessoais que não sejam a felicidade e o bem-estar do filho amado.

A relação pai-filho tem características diferenciadas da relação materna. O pai, em geral, representa a autoridade, disciplina, orientação e independência. O amor do pai implica oferecer ao filho oportunidades para desenvolver um sentimento crescente de autoconfiança e independência, o que permite que ele se torne sua própria autoridade, dispensando, em algum momento, a dos pais.

Tanto o amor materno quanto paterno envolvem "abnegação" e a oferta de oportunidades ao filho para que ele apreenda a própria singularidade. É importante ressaltar que para atingir a maturidade, o indivíduo necessita libertar-se das figuras externas da mãe e do pai, tendo-as construído em si mesmo. Do contrário, provavelmente buscará em suas relações adultas "mães" e "pais" que supram as próprias necessidades infantis insatisfeitas, em vez de um **outro** homem, ou mulher, que possa compartilhar experiências maduras e integradas.

3.4 O amor erótico

> *"Se verdadeiramente amo alguém, então amo a todos, amo o mundo, amo a vida. Se posso dizer a outrem, Eu te amo, devo ser capaz de dizer: Amo em ti a todos, através de ti amo o mundo, amo-me a mim mesmo em ti."*
>
> ERICH FROMM

O amor erótico possui uma característica diferenciada do amor fraterno ou o materno, que é a busca de união, de fusão, com outro ser humano.

É importante ressaltar que o amor erótico diferencia-se do fenômeno do "amor romântico" ou da "paixão", e isso veremos adiante.

Como todas as outras formas de amor, o erótico tem como base o amor fraterno, que o distingue da "paixão", de natureza egocêntrica e transitória. Envolve a união sexual como forma de expressão máxima e a concretização da fusão com outra pessoa. Nesse sentido tem como característica a "exclusividade", confundida por vezes com "possessividade", ou o desejo ou a condição de "ter o outro só para si". A exclusividade tem, nesse caso, o caráter de entrega plena e intensa a uma única pessoa; é o profundo compartilhar da própria vida, que se caracteriza pela reciprocidade, cumplicidade e intimidade.

Assim, o amor erótico caracteriza-se pela fusão de dois seres **integrados,** maduros e independentes, que não se unem com o propósito de satisfazer apenas necessidades e desejos, nem de serem amados, mas sim, de amar e compartilhar o amor que sentem. É ele que proporciona a experiência de amar a humanidade através do parceiro. Inclui a permissão e o apoio para que o outro cresça e se realize como um indivíduo singular. Essa é uma experiência rara, na medida em que só pode ser vivenciada por duas pessoas integradas e tem suas bases na reciprocidade.

Pierre Weil (1977), denomina "encontro existencial" ou "comunicação profunda" à experiência do amor erótico. Para ele, na relação verdadeiramente amorosa, os parceiros colocam seu papéis sociais num plano secundário, passando a sentir a recíproca do outro como um todo e experienciando a essência de cada um como uma só. Minimizando os papéis sociais, rompem-se as barreiras da competição, da desconfiança, dos estereótipos, das expectativas e das projeções. Weil enumera algumas características da comunicação profunda:

— Sentimento de estabilidade e segurança.
— Sentimento de eternidade.
— Sentimento de comunhão com a natureza e o mundo.
— Sentimento de universalidade.
— Capacidade de discriminar a imagem "objetiva" do outro da imagem formada pelos temores e desejos que se tenha.
— Sentimento de igualdade.
— Vivência e envolvimento no momento presente.

— Ausência das sensações de "satisfação-insatisfação" em relação ao outro.
— Ausência de preocupação possessiva.
— Espontaneidade.
— Fidelidade espontânea.

No amor erótico, o sexo é vivenciado como conseqüência de um compartilhar mais amplo. Além do prazer sexual, proporciona um sentimento de plenitude e paz interior aos parceiros. É a experiência máxima de fusão não apenas física, mas na própria essência de cada ser que se tornam "um". A capacidade de entrega é uma de suas características, e só é possível desenvolvê-la através da auto-aceitação, da auto-satisfação de necessidades básicas e do amor por si mesmo.

Para ser capaz de amar eroticamente, é importante que o indivíduo tenha se libertado das figuras externas da mãe e do pai, e integrado as polaridades feminina-masculina, independentemente de seu sexo.

É necessário abordar, mesmo que superficialmente, a importância da integração das polaridades feminina-masculina na personalidade, como condição para o desenvolvimento da capacidade de amar eroticamente.

De acordo com a psicologia junguiana, os fatos psicológicos demonstram que todo ser humano é andrógino, ou seja, possui em sua personalidade elementos masculinos e femininos.

"O homem não é só um ser sexual, mas igualmente um ser bissexual que combina em si o princípio masculino e o feminino em proporções diferentes, e não raro mediante um duro conflito. O homem em que o princípio feminino estivesse completamente ausente seria um ser abstrato, inteiramente separado do elemento cósmico. A mulher em que o princípio masculino estivesse completamente ausente não seria uma personalidade... Somente a união desses dois princípios é que constitui um ser humano completo. A união deles se realiza em todo o homem e toda mulher, dentro de sua natureza bissexual, andrógina, e isto ocorre também entre as duas natureza, a

masculina e a feminina". (Berdyaev, em Sanford, 1986.)

Carl Jung denominou *anima* e *animus* aos opostos existentes no homem e na mulher. O componente feminino da personalidade do homem é a *anima,* e o componente masculino da mulher é o *animus.* Ambos são arquétipos, pois formam uma base de padrões, que são de comportamentos não aprendidos comuns à espécie humana. A energia psíquica flui entre os dois pólos masculino e feminino, o que na terminologia chinesa corresponde aos princípios *Yang* e *Yin,* respectivamente. Esses representam os dois pólos espirituais da vida; são princípios cósmicos, que existem nos homens e nas mulheres.

É possível fazer as seguintes associações, para os pólos arquetípicos *Yin* e *Yang:*

Yin	Yang
Feminino	Masculino
Contrátil	Expansivo
Conservador	Exigente
Receptivo	Ativo
Cooperativo	Competitivo
Intuitivo	Racional
Sintético	Analítico

Em geral, os fatores psíquicos masculinos na mulher, e os femininos, no homem, são projetados. O mecanismo da projeção ocorre sempre que algum aspecto desconhecido da personalidade é ativado. A projeção nos permite ver algo que possuímos fora de nós, como se fizesse parte de outra pessoa. Obviamente, trata-se de um mecanismo inconsciente e, quando ocorre, altera a percepção que temos das pessoas que "receberam" o conteúdo projetado.

Nas relações amorosas, podemos ver a freqüente ocorrência dos mecanismos de projeção de *anima* e *animus,* que acarretam inúmeras dificuldades no relacionamento entre os parceiros. Veremos isso adiante.

"... o que torna diferentes homens e mulheres não é o fato de os homens serem totalmente Yang e as mulheres Yin, pois cada sexo contém em si o outro; é antes, o fato de que o homem ordinariamente identifica seu ego com sua masculinidade e de que seu lado feminino é inconsciente nele, ao passo que a mulher se identifica conscientemente com sua feminilidade, e seu lado masculino, permanece inconsciente para ela." (Sanford, 1986.)

No que se refere ao relacionamento entre os sexos em geral, os homens identificados com a masculinidade projetam seus aspectos femininos sobre as mulheres, e as mulheres projetam seus aspectos masculinos sobre os homens. No amor erótico, ao contrário, essas projeções são minimizadas, uma vez que, homem e mulher integram *em si* os aspectos opostos de sua personalidade; é o que lhes permite relacionar-se como seres totais e não como "depositários" de projeções.

"Retirar" as projeções de outros indivíduos e integrá-las na personalidade é uma etapa necessária do processo de amadurecimento de qualquer pessoa. Só então concretiza-se o processo de diferenciação da personalidade, ou seja, *anima* e *animus* são reconhecidos e integrados. O homem integra a *anima* à sua personalidade, quando torna-se capaz de vivenciar os aspectos positivos dessa polaridade, ou seja, a aceitação e expressão dos sentimentos e das necessidades, receptividade, sensibilidade, afetividade, vulnerabilidade, suavidade, intuição, compreensão, interiorização.

A mulher integra o *animus* ao se tornar capaz de experimentar seus aspectos positivos, como, independência, atividade, estabelecimento de metas, aspirações, segurança, racionalidade, concentração, determinação e valores próprios.

O encontro com a *anima* e o *animus,*

"... é a obra-prima da individuação... Quando anima funciona em seu lugar correto, ela ajuda a ampliar e alargar a consciência do homem, e a enriquecer a sua personalida-

de... A consciência do homem tende a ser focalizada e concentrada; ela facilmente se torna rígida e limitada, e sem contato com o inconsciente fica seca e estéril... O animus encarna a força diretriz para a individuação na psique de uma mulher... dá à mulher o poder de discriminação." (Jung, em Sanford, 1986.)

O processo de integração das polaridades é fundamental para o desenvolvimento da capacidade de amar, porém integrar projeções não significa que jamais elas venham a ocorrer; o importante é compreendê-las quando entram em ação.

Assim, o amor erótico está intimamente relacionado com a capacidade do indivíduo de transitar livremente entre as polaridades de sua personalidade, de forma a não transformar o parceiro em "objeto" das projeções de *anima* e *animus,* mas percebê-lo e amá-lo tal como é. O relacionamento amoroso transcorre harmoniosamente quando os aspectos masculinos do homem "encontram" os femininos da mulher, e vice-versa. Dessa maneira, dois seres "inteiros" relacionam-se com fluidez, e não somente através dos aspectos rígidos de sua personalidade.

Acredito que a possibilidade de transitarmos livremente através das polaridades feminina-masculina dá-nos condição de experimentar nossas diversas potencialidades, e conceder ao parceiro a mesma "liberdade". Contribuímos, assim, para o crescimento da relação amorosa, que depende diretamente do crescimento individual de cada parceiro. Homem ou mulher que se cristalize em apenas uma de suas polaridades, "corre o risco" de estabelecer relacionamentos enrijecidos em sua complementaridade. O fenômeno dito "amoroso", que tem como característica fundamental a ocorrência de projeções entre os parceiros, é o que denomina-se "amor romântico" ou "paixão".

3.5 O "amor" romântico ou paixão

"Assim, não posso viver sem ti, nem contigo."
Ovídio

"O amor romântico significa estar apaixonado; ... é o maior sistema energético dentro da psique ocidental" (Johnson, 1987). O conjunto psicológico denominado amor romântico envolve uma combinação de crenças, atitudes, expectativas e ideais. Em geral, o homem ocidental considera o amor romântico a única forma de amor capaz de gerar relacionamentos verdadeiros. Além disso, inclui *"...uma expectativa inconsciente de que nosso companheiro nos alimente continuamente com emoções intensas e felicidade"*. (Johnson, 1987.)

O ideal de amor romântico surgiu na Idade Média, por volta do século XII, e passou a transmitir a crença de que o verdadeiro amor envolve a adoração do ser amado, que por sua vez é a imagem perfeita de homem ou mulher. O termo "romance" tem origem, na palavra francesa *"romans"*, que se referia às grandes histórias de amor em que se baseou toda a literatura romântica ocidental.

O tema do amor romântico, ou paixão, aparece na literatura pela primeira vez, no conhecido mito de Tristão e Isolda. Denominava-se então "amor cortês", cujo modelo era o cavaleiro que honrava sua dama, fonte de toda a sua inspiração. Ela era amada como símbolo da perfeição e da beleza, o que tornava o cavaleiro um ser nobre, refinado e espiritualizado, voltado para as coisas elevadas.

A experiência da paixão, portanto, é um estado de êxtase, porém, em geral acompanhado de uma profunda sensação de solidão e frustração. Essa sensação está relacionada à incapacidade do indivíduo de manter e preservar o êxtase por um longo período e, conseqüentemente, o relacionamento, que quase sempre se desfaz quando o êxtase termina.

A paixão, ou "amor" romântico, caracteriza-se como um fenômeno psicológico de curta duração, que envolve crenças, atitudes, ideais e expectativas em relação ao parceiro; freqüentemente inclui o mecanismo psicológico denominado projeção, e também o êxtase provocado pelo ser "amado", considerado o símbolo de perfeição.

"Apaixonar-se" e "desapaixonar-se" é uma constante em nossa cultura além de ser muito confundido com o fenômeno amoroso genuíno, o amor erótico, anteriormente descrito. O romance pode ou não ter como conseqüência o amor erótico. É freqüente a confusão entre as experiências de "paixão" e de "amor", e nem sempre é fácil discriminar suas diferenças.

Na Idade Média, a visão do amor cortês sofreu influência das idéias religiosas, quando o relacionamento entre homem e mulher tinha por base o ideal do feminino e masculino universais, simbolizado pelo parceiro "adorado". O divino estava personificado no humano. Segundo Robert Johnson (1987), eram três as principais características do chamado "amor cortês":

1 — Não deveria haver envolvimento sexual entre a "dama" e o "cavaleiro".

2 — O relacionamento tinha por natureza o envolvimento espiritual, e como objetivo elevar os parceiros além do nível físico da experiência.

3 — Para manter acesa a paixão, deveriam "espiritualizar" o desejo, mas jamais concretizá-lo.

Esse mesmo autor afirma que *"... continuamos querendo os mesmos padrões psicológicos em nossos romances. Procuramos a emoção espiritual, o êxtase e o desespero, as reuniões festivas e as despedidas tristes. São estes os ideais que sustentam nossos padrões de namoro e casamento até hoje."*

Na cultura ocidental, a expressão "amor romântico" é utilizada aleatoriamente para se referir a quase todas as formas de atração entre um homem e uma mulher. Pode-se observar quanto o ideal do amor romântico influencia a cultura através das canções, da poesia, do teatro, das telenovelas, do cinema, da literatura, etc.

O romance apresenta-se sempre de modo **dramático,** onde os aspectos do "proibido" ou "impossível" têm sempre lugar. A **tragédia** por vezes se faz presente nos grandes romances, assim como o sofrimento dos amantes é uma característica marcante em toda história de "amor". Podemos perceber muitas vezes que a experiência do sofrimento é, para muitas pessoas, o referencial primordial para determinar a intensidade do "amor" que sentem. Originalmente, o termo "paixão" significa "sofrer".

O mito de Tristão e Isolda revela, além do ideal romântico, como o Ocidente praticamente descartou de sua cultura os valores femininos com o desenvolvimento da mentalidade patriarcal. Através do mito, é possível considerar um dos aspectos mais importantes para se compreender o amor nos dias atuais que é a negligência para com os aspectos femininos da vida, como a introspecção, a intuição, a sensibilidade, entre outros. Os aspectos masculinos como poder, autoridade, controle e razão, passaram a ser supervalorizados cultural e socialmente. Uma das conseqüências históricas dessa polarização é a extrema dificuldade que o homem atual tem de amar e se relacionar.

A vivência dos aspectos femininos dá sentido a nossas vidas. Torna os relacionamentos mais profundos, amorosos e gratificantes. Traz a consciência dos sentimentos, dos valores espirituais, através da interiorização e da busca da sabedoria.

O menosprezo a esses aspectos femininos criou inúmeras dificuldades ao homem moderno para encontrar significado em sua vida e estabelecer relacionamentos que exijam envolvimento e compromisso.

Cristalizar-se no pólo masculino da vida acarreta excessos e distorções na personalidade e nas relações. A força transforma-se em agressividade, a autoridade manifesta-se como autoritarismo, o controle torna-se dominação e a independência transforma-se em isolamento.

Em contrapartida, o feminino não vivenciado, ou desintegrado, pode se apresentar de modo distorcido e deformado: a vulnerabilidade transforma-se em fraqueza, o amor em dependência, a receptividade em passividade, o sentimento em sentimentalismo, a introspeção em solidão.

Através de seus relacionamentos apaixonados, o homem busca inconscientemente a si mesmo em alguém que simbolize a própria "alma" e torne sua vida plena e extática.

Um relacionamento baseado em projeções de aspectos femininos e masculinos termina quando a convivência revela que não há deuses e nem deusas relacionando-se, e sim seres humanos imperfeitos. Por essa razão, os relacionamentos apaixonados tendem a ter vida curta e serem permeados por decepções, frustrações e sofrimentos atribuídos ao outro, e não às próprias expectativas e dificuldades.

Há um conjunto de características peculiares ao amor romântico:
— o ciúme;
— a possessividade;
— a sensação de plenitude na presença do ser amado;
— a sensação de "vazio" e solidão na ausência do ser amado;
— o pensamento fixo no parceiro;
— as expectativas irrealistas das atitudes e do comportamento do outro;
— a necessidade prioritária de estar na companhia do parceiro;
— as diferenças são sentidas como ameaças ao relacionamento;
— a atribuição da própria felicidade ou infelicidade ao outro.

Estar apaixonado, portanto, não é algo direcionado a um outro ser humano tal como ele é, mas sim aos próprios ideais, sonhos e fantasias, o que caracteriza a paixão como um fenômeno de natureza egocêntrica.

Na realidade, a paixão, ou amor romântico, não cria nem gera relacionamentos profundos e verdadeiros entre seres humanos integrais; o outro não é sequer visto mas, ao contrário, torna-se depositário de projeções, expectativas e exigências inconscientes. A paixão só pode transformar-se em amor erótico quando as projeções são reintegradas à personalidade e os parceiros podem então se relacionar como seres singulares e inteiros.

Qual seria, então, a função do fenômeno da paixão na dinâmica intra e interpessoal?

O amor romântico está relacionado com aspiração espiritual, o romance é a "religião" do homem ocidental. O significado desse símbolo em nossa cultura é a busca da totalidade, transcendência e plenitude. A vivência espiritual migrou para o amor romântico:

"...o nosso próprio instinto religioso, nossa própria busca inconsciente do outro mundo, que dá ao amor romântico sua magia, seu ardor sublime e sua ânsia pelo transcendental.

...Por isso o ego do homem ocidental tem tanta dificuldade em lidar com o amor romântico: é algo fora de controle ... Esse rompimento de laços, essa transcendência do ego, é experiência religiosa e é isso que procuramos." (Johnson, 1987.) Assim, o amor romântico envolve duas outras formas de amor que se confundem entre si: o amor pelo divino, que leva ao mundo interior, a Deus; e o amor fraterno, que leva ao encontro de outro ser diferenciado. Através do amor romântico o homem busca a sua vida interior em alguém, projetando suas potencialidades para a totalidade num outro ser humano.

Compreender o amor romântico significa descobrir possibilidades e potencialidades a serem integradas com vistas ao crescimento. É conhecer um ideal interior, um caminho para a integração, que proporcionará ao indivíduo a oportunidade de criar bases para relacionamentos amorosos que envolvam compromisso e crescimento mútuos.

Dessa forma, o amor romântico possibilita ao homem o resgate da própria espiritualidade, da vivência interior, dos aspectos femininos de sua experiência e da capacidade de amar e se relacionar com outros seres humanos e com o divino.

3.6 O amor a Deus

> *"Saber que existe algo insondável, sentir a presença de algo profundamente racional, radiantemente belo, algo que compreendemos apenas em forma rudimentar — é esta a experiência que constitui a atitude genuinamente religiosa."*
> ALBERT EINSTEIN

É óbvia a complexidade da experiência religiosa e/ou espiritual humana que envolve o que se chama de amor a Deus. Significa desenvolver à plenitude a capacidade de amar, e realizar o que "Deus" significa para alguém.

A experiência de amor a Deus é a experiência da unidade, da

integração com a fonte primeira de todas as coisas; é a experiência de pertencer à ordem cósmica, que se reflete no modo de ser amoroso, fraterno e integrado no mundo e com o mundo.

A espiritualidade, ou a vivência do amor a Deus (em suas diferentes denominações), é atualmente, no Ocidente, uma parte desintegrada na psique humana. O homem solitário é, em geral, incapaz de amar e sentir-se amado; é um homem não "espiritualizado", não no sentido religioso, místico ou dogmático, e sim da vivência da unidade em relação à humanidade, à natureza, ou à ordem cósmica e universal.

Ao "perder de vista" a própria espiritualidade, por razões históricas diversas, o homem atual encontra-se desintegrado de um todo mais amplo, e a experiência da solidão reflete, em parte, esta realidade.

A própria psicologia, na tentativa de estabelecer e manter seu *status* como ciência, "compartimentalizou" o homem, tornando a espiritualidade um fenômeno a ser compreendido apenas por teólogos e místicos. A abordagem racional e mecanicista de Freud dificultou ainda mais o envolvimento com as experiências religiosas ou místicas. Mesmo assim, Freud sempre manifestou grande interesse pela espiritualidade e a religiosidade durante toda a vida, embora não tenha reconhecido a experiência mística como sua fonte. Ao contrário, equiparou religião e ritual, considerando-os uma "neurose obsessivo-compulsiva" da humanidade, e o reflexo de conflitos não resolvidos das fases infantis do desenvolvimento psicossexual. Assim, o pensamento de Freud acerca da espiritualidade influenciou toda a teoria e a prática psicoterápica subseqüente, e de um modo geral, não dá lugar a experiências de estados alterados de consciência, uma vez que esses desafiam os conceitos clássicos da Ciência.

"...As descobertas científicas podem estar em perfeita harmonia com os objetivos espirituais e as crenças religiosas. Os temas básicos dessa concepção correspondem à unidade e inter-relação de todos os fenômenos e à natureza intrinsecamente dinâmica do universo." (Capra, 1982.)

Podemos verificar um movimento na própria psicologia (ainda bastante contestado), de ampliação de seu campo de estudo e de prática, a partir de uma integração dos conhecimentos místicos, esotéricos e espirituais. Esse é um tema que suscita um enorme questionamento e reflexão na prática psicoterápica. Mencionei-o no intuito de chamar a atenção para o fato de que a espiritualidade e o amor a Deus são algumas das manifestações mais profundas do amor humano, e, estreitamente relacionadas à sua capacidade de amar seus semelhantes. Dessa forma, considero a espiritualidade um fenômeno humano que deve ser compreendido pelo psicoterapeuta que concebe o homem como um todo e que se coloca numa atitude fenomenológica diante do cliente.

Obviamente, hoje em dia pode-se observar que muitas pessoas utilizam-se da religião, do misticismo e do esoterismo de modo alienado e desintegrado, o que reflete um modo de ser inautêntico, caracterizado pela "avidez de novidades". Porém, é preciso discernir a busca espiritual genuína, a busca da totalidade e de integração com o mundo e o universo através da experiência da transcendência de si mesmo. O estado de ser amoroso reflete essa integração, seja ele denominado amor a Deus ou outra coisa.

3.7 O amor e a criança

> *"As crianças são nossos melhores mestres. Elas já sabem como crescer, como se desenvolver, como aprender, como expandir-se e descobrir, como sentir, rir, chorar, enfurecer-se, o que está certo para elas e o que não está certo para elas, o que necessitam. Elas já sabem como amar e ser alegres, como viver plenamente a vida, como trabalhar e ser fortes e cheias de energia. Todas elas (bem como as crianças dentro de nós) precisam de espaço para fazê-lo."*
>
> VIOLET OAKLANDER

Gostaria de fazer um simples e breve comentário acerca da manifestação amorosa da criança. É bastante diferente da experiência do amor na maturidade, que pressupõe a capacidade do indivíduo de ser diferenciado e integrado. A criança é capaz de amar. A questão do amor na infância é um capítulo à parte, uma vez que deve estar relacionada com o mundo infantil e suas especificidades. Sinto que a criança pode estar, e se manifestar, amorosa, pois ela consegue ver, aceitar e confirmar o outro a partir da própria sensibilidade e espontaneidade. É característica da experiência infantil estabelecer relações com o objetivo de suprir suas necessidades e desejos, pois sua personalidade está em desenvolvimento. Isto, porém, não a impede de manifestar-se amorosa em suas relações com as características próprias de sua fase de crescimento e seu modo de experienciar o mundo.

Capítulo 2

DIFICULDADES DE AMAR E O COMPORTAMENTO NEURÓTICO: ALGUMAS CORRELAÇÕES

*"Consentir a própria morte e renascer,
não é fácil."*
FRITZ PERLS

1. O AMOR E O RITMO CONTATO-FUGA

Na literatura gestáltica, são raras as referências sobre o amor como fenômeno humano. Rosemblat (1988) critica essa ausência: *"Freud disse que o Amor e o Trabalho são as duas mais importantes áreas da vida. Estranhamente, a Gestalt-terapia não tem muito a dizer sobre isso. Há algumas explicações, mas não estou certo de que existam explicações para esta ausência... A teoria da Gestalt-terapia se concentra no crescimento e desenvolvimento do indivíduo, mas, mais como abstração teórica que dificulta uma concreta aplicação fenomenológica para estas duas importantes áreas."*

Neste capítulo tentarei descrever alguns mecanismos psicológicos que se caracterizam como impedimentos, ou bloqueios do crescimento individual global; e mais especificamente da atualização do potencial amoroso de alguns indivíduos em suas relações afetivas. Utilizarei como fundamento teórico as concepções da teoria da Gestalt-terapia acerca da neurose e seus mecanismos.

Os obstáculos para o desenvolvimento da capacidade de amar são as atitudes, as crenças, os sentimentos, e os mecanismos de defesa que ocorrem na fronteira de contato entre o indivíduo e o meio.

Contato *"...implica em atração e rejeição, em aproximação e distanciamento, em sentir, avaliar, discernir, comunicar, lutar, detestar, amar... É esta conjunção articulada de motivação, percepção, afeto, cognição e ação."* (Tellegen, 1984). Para falar em amor, temos de considerar o contato, que ocorre na fronteira do ego, onde o indivíduo diferencia-se dos demais. A fronteira de contato não é fixa, assim o indivíduo saudável deve poder diferenciar-se do ambiente e relacionar-se com ele num ritmo fluido de aproximação e retraimento, na fronteira de contato.

Quando o indivíduo não consegue discriminar o que é "si mesmo" e o que é o outro, cristaliza-se mais próximo ou mais afastado da fronteira, utilizando-se de mecanismos de evitação do contato que são considerados disfunções, ou distúrbios de contato. Essas disfunções de contato caracterizam-se por grande rigidez ou grande permeabilidade da fronteira, o que leva o indivíduo ou ao isolamento, ou à perda da capacidade de diferenciação e identificação. Em outras palavras, o indivíduo confunde-se com o ambiente, ou isola-se dele.

Para Fritz Perls (1988), o *"... contato com o meio e a fuga dele, esta aceitação e rejeição do meio, são as funções mais importantes da personalidade global"*. Segundo o autor, a neurose surge quando o indivíduo é incapaz de modificar suas formas de interação, e cristaliza-se num modo de atuar obsoleto, afastando-se de suas necessidades, como por exemplo, a necessidade de contato com outros seres humanos.

Para ser capaz de amar, é necessário que a pessoa saiba também aproximar-se e afastar-se de outros com fluidez. O indivíduo que tem dificuldade de se aproximar, não discrimina suas necessidades e fica impedido de concentrar-se, de estar presente, realizar-se aqui e agora, e fazer bom contato com outros. Quando ele não realiza uma fuga adequada, não discrimina os objetos que catexiza positiva ou negativamente, não mantém contato com as próprias necessidades e fica impedido de diferenciar-se do ambiente. Em conseqüência, não vivencia a sua singularidade.

A capacidade de amar implica, primordialmente, ser capaz de

estabelecer limite entre si mesmo e o outro. Os mecanismos de autorregulação neurótica resultam em confusão entre o indivíduo e o meio, e impedem a pessoa de amar verdadeiramente. A autorregulação neurótica caracteriza-se por um modo de funcionar que "garanta" proteção e segurança ao indivíduo e, paralelamente, dificulta a auto-realização, inclusive de suas potencialidades amorosas.

Perls e outros autores da Gestalt-terapia descreveram seis modos, ou estilos de contato, dependendo da funcionalidade ou da rigidez com que são utilizados pelo indivíduo em seu meio. Quando me referir aos mecanismos de introjeção, projeção, confluência, retroflexão, deflexão e proflexão procurarei descrevê-los a partir do que foi observado em clientes que se queixaram de dificuldades de amar e se sentirem amados.

2. DISTÚRBIOS DE CONTATO E AS DIFICULDADES PARA O AMOR

Introjeção

Na minha relação com clientes que apresentam dificuldades de se relacionarem afetivamente, observo a alta ocorrência do mecanismo de introjeção, que obviamente está em interação com os demais mecanismos de evitação. A introjeção envolve a incorporação de atitudes não digeridas de modos de agir, avaliar e sentir provenientes do meio externo e que são incorporados à personalidade. Esses conteúdos são assimilados, ao ponto de parecerem pertencer ao indivíduo, tal sua identificação com eles. Através das introjeções é erguida uma barreira entre o indivíduo e o mundo, impossibilitando o encontro verdadeiro e o amor.

Citarei a seguir algumas das maneiras pelas quais alguns dos conteúdos introjetados do amor apresentam-se na relação com certos clientes, através de suas verbalizações:

— "Não posso me entregar completamente; o amor vai acabar um dia."

— "Quanto maior o amor, maior o sofrimento."
— "Só devo expressar o amor que sinto quando tiver a certeza de que ele me ama."
— "O amor nos deixa fracos; quem ama é sempre dominado, controlado."
— "Quem ama não é livre; fica sempre preso à outra pessoa."
— "Amar a mim mesmo é egoísmo."
— "Quem ama demais perde a individualidade."
— "Não sou digno de amor."
— "Quem ama tem que sentir ciúme."
— "Se eu quiser ser amado, terei que me modificar."
— "O amor é uma relação de troca; é preciso dar para poder receber; tenho direito de receber aquilo que dou."
— "Para ser amado preciso deixar o outro inseguro do que sinto por ele; se eu me entregar, o outro perde o interesse por mim."
— "Não posso aceitar tanto amor, posso ser cobrado disso."
— "Quem ama torna-se dependente do outro."
— "As diferenças ameaçam o amor e o relacionamento."
— "Não devo confiar totalmente em ninguém, posso ser traído ou abandonado e vou sofrer muito com isso."
— "Devo procurar alguém que seja ideal para mim, que mereça meu amor."
— "Só serei amado se for, bom, inteligente, doente, frágil, alegre, seguro, etc."

Inúmeras outras crenças introjetadas do amor poderiam ser identificadas. De qualquer modo, esses exemplos permitem ressaltar que as crenças revelam, na sua maioria, concepções negativas do amor que são transmitidas culturalmente e através dos modelos de relacionamento amoroso. Essas crenças funcionam como barreiras entre as pessoas, dificultando a autêntica vivência de seus relacionamentos. Através das introjeções, os indivíduos permanecem retraídos na fronteira de contato, já que este é experimentado com muita ansiedade. O amor é concebido como verdadeira ameaça. É transmitido de forma ambivalente, ou seja, como uma experiência da qual devemos nos aproximar e nos afastar. Pelas crenças citadas, é possível observar que o amor é concebido como algo que pode ser medido, quantificado, trocado ou barganhado. A expressão de amor é considerada manifestação de fragilidade e fraqueza, além de só ser "permitida" na condição e na certeza da reciprocidade. Essas crenças introjetadas transmitem a idéia de que o amor pode cercear a liberdade ou individualidade das pessoas, além de gerar dependência mútua. São pessoas para quem o amor é uma experiência fadada ao fracasso, um convívio destrutivo, e que têm no sofrimento um referencial para determinar a intensidade do amor que sentem.

Podemos observar que a maioria dessas crenças introjetadas revelam a natureza do "amor condicional", que atualmente transformou-se num "mito". Esse amor condicional é experimentado pela criança na relação com seus pais, e acaba sendo considerado a única forma de amor existente. Pela experiência de termos sido amados e aceitos somente se correspondêssemos às expectativas de pessoas significativas, desenvolvemos padrões de comportamento rígidos e inautênticos, que são repetidos nas relações adultas, na busca de amor e aceitação. Em outras palavras, uma tentativa de completar as *gestalten* inacabadas do passado. Esses comportamentos estão, em geral, relacionados à crença de não ser digno de amor e aos sentimentos de inferioridade e menos-valia. Dessa maneira, o indivíduo cristaliza-se e torna-se impedido de se diferenciar, sentindo-se ameaçado constantemente de "perder o amor" dos demais. O amor condicional recebido na infância gera insegurança e desconfiança no indivíduo, que passa a se posicionar rigidamente na fronteira de contato.

A utilização excessiva do mecanismo introjetivo leva o indivíduo a autodesvalorizar-se, já que ele permite ser "invadido" pelo meio externo, que inunda sua personalidade e "dita" regras e normas que não devem ser transgredidas. A auto desvalorização conduz à auto-alienação, que favorece a ocorrência do mecanismo de evitação denominado projeção.

Projeção

Mencionei o mecanismo projetivo ao referir-me às manifestações amorosas. *"Na projeção deslocamos a barreira entre nós e o mundo, exageradamente a nosso favor. Em vez de ser um participante ativo de sua própria vida, aquele que projeta se torna um objeto passivo, a vítima das circunstâncias."* (Perls, 1988.)

Verifica-se a utilização deste mecanismo quando observa-se a desintegração de *anima* e *animus* da personalidade, como foi dito no capítulo anterior. As projeções revelam-se muitas vezes nas expectativas em relação ao parceiro num relacionamento afetivo, de que ele possa dar sentido à nossa vida, trazendo a felicidade, a alegria, a plenitude e o êxtase. Essas expectativas projetadas implicam exigências inconscientes de que o outro satisfaça todas as nossas necessidades. O indivíduo que projeta constantemente, em geral exige que o parceiro esteja disponível, feliz e satisfeito em sua companhia. Utiliza mecanismos de idealização, passando a considerar o outro ora um herói, um Deus, um salvador, ora um destruidor, um traidor, um egoísta, dependendo do conteúdo erótico ou hostil que é projetado.

A freqüente utilização desse mecanismo acarreta, ao longo do tempo, frustrações freqüentes para aquele que projeta, e uma grande "sobrecarga" para aquele que recebe as projeções. Essas projeções atuam como exigências de perfeição no outro, que passa a não se sentir aceito tal como é. Quando a hostilidade é projetada, as atitudes amorosas e construtivas do parceiro são desconsideradas e não confirmadas por aquele que projeta. Este deixa de se responsabilizar pela própria vida e coloca-se passivamente diante do mundo, atribuindo ao outro seus fracassos e sofrimentos.

A utilização freqüente de projeções impede o indivíduo de amar, pois ele rejeita partes de si mesmo e não vê o outro em sua singularidade. No relacionamento, quem projeta permanece insatisfeito, por ver frustradas as suas expectativas em relação ao parceiro, que por sua vez permanece em ansiedade se não discriminar as projeções dirigidas a si. Em geral, quando a pessoa que projeta rompe um relacionamento, parte em busca de outro parceiro que funcione como depositário de suas partes desintegradas. A capacidade de amar está intimamente relacionada à integração da própria personalidade, pois é a única maneira possível de encontrar um outro distinto de nós mesmos que não seja "utilizado" para satisfazer nossas necessidades e desejos, e nem responsabilizado por nossas frustrações.

Confluência

O indivíduo não se distingue do meio ao utilizar o mecanismo da confluência, não percebe a barreira erguida entre si e o ambiente. Quando a confluência é crônica, ele nem sequer vê as diferenças entre si e os outros. Não estabelece bom contato, nem se retrai na fronteira.

No relacionamento afetivo pode-se observar a atuação desse mecanismo, quando um ou ambos os parceiros exigem as semelhanças e não toleram as diferenças entre eles. O nós prevalece em detrimento do eu e do você. A relação apresenta características simbióticas e de dependência mútua. Para a pessoa que conflui, o afastamento do outro é normalmente sentido como ameaça. As diferenças que poderiam se manifestar no pensamento, nas atitudes, nos comportamentos e sentimentos são "boicotadas" ou camufladas na relação. Quem conflui exige que o parceiro só se sinta feliz ao seu lado, que não necessite de muito contato com outras pessoas e que o inclua em suas atividades.

Por não se dar conta das próprias necessidades, emoções e sentimentos, a pessoa confluente mistura-se com o outro, e não é capaz de identificar as diferenças. Dessa maneira, ela não cresce e não permite que o parceiro cresça. Quando há confluência recíproca na relação a união pode ser duradoura, mas no momento em que um dos parceiros retomar o curso do crescimento pessoal, o relacionamento poderá se romper. O casal confluente é muitas vezes confundido com um casal unido e amoroso, porém, na realidade, os parceiros não estabelecem um vínculo de amor, e sim de dependência recíproca.

O amor envolve um relacionamento entre seres maduros e diferenciados que não estejam misturados ou "colados" um no outro. A experiência de fusão ou união é característica da relação amorosa, quando ambos os parceiros estão *"aware"** de suas diferenças e individualidades próprias, o que não ocorre na confluência, como um mecanismo de evitação do contato.

Retroflexão

"Quando uma pessoa retroflexiona um comportamento, trata a si mesma como originalmente quis tratar a outras pessoas ou objetos... O retroflexor sabe como traçar uma linha divisória entre ele e o mundo, e a esboça nítida e clara justamente no meio — mas no meio de si mesmo." (Perls, 1988.)

No relacionamento afetivo, o retroflexor freqüentemente controla seus próprios impulsos, sentimentos e, em geral, não expressa emoções e não permite que o outro o conheça como é. Dirige os impulsos e sentimentos para si mesmo, controlando-se e culpando-se ou não admitindo-se vulnerável às atitudes, necessidades, sentimentos, enfim, ao ser do outro. Quem retroflexiona permanece retraído na fronteira de contato de forma cristalizada. Pode apresentar dificuldades em dizer não, pois já o disse a si mesmo. Exige de si a perfeição de atitudes, cobrando-se incessantemente pelo que faz ou deixa de fazer. Não dá ao outro a oportunidade de conhecer seus desejos, expectativas e sentimentos. Responsabiliza-se demasiada-

---

Awareness: Processo de estar em vigilante contato com o evento mais importante no campo individuo/meio, com suporte sensório-motor, cognitivo, emocional e energético. É experienciar e saber o que (e como) estou fazendo agora.

mente, ou pelo bom relacionamento, ou pelas dificuldades comuns. Na realidade, muitas vezes não confirma as atitudes e os sentimentos próprios e do outro, pois tudo está voltado para si. O retroflexor pode, por exemplo, verbalizar: "Tenho raiva de mim mesmo", ou "Preciso me controlar", tratando a si mesmo como se fosse duas pessoas diferentes, e também não considera a existência do outro.

Não é raro que o parceiro de um indivíduo que retroflexiona freqüentemente sinta-se incapaz de alcançá-lo, atingi-lo ou provocar nele algum tipo de reação. Normalmente, o retroflexor cria uma imagem "inatingível", "invulnerável" ou "intocável", além de justificar as próprias atitudes através de racionalizações. Assim, estabelece distância do outro, que fica impedido de "tocá-lo".

A pessoa que retroflexiona em demasia torna-se "inimiga" de si mesma e bastante solitária. Cobra-se, exige-se, culpa-se, persegue-se, em vez de aceitar-se como é. Além disso, ela vivencia as alegrias, os sonhos, as fantasias e os desejos intensamente mas evita compartilhá-los com os outros. Pela dificuldade de se perceber, ela não ama a si mesma mas "persegue-se", impedindo-se de amar, de se integrar e se sentir amada.

Proflexão

A característica básica deste mecanismo é a da pessoa que só faz aos outros o que quer que lhe façam. *Há um fluxo de energia dirigido para fora, mas o objetivo é eliciar uma resposta previsível do outro. Sua intenção é que o outro a imite ou reaja de uma maneira desejada.*

Há dois tipos de proflexão: a ativa e a passiva. Em ambos os casos, o proflexor assume uma atitude servil em relação ao outro, na tentativa de manipulá-lo. O proflexor ativo realiza uma "pesquisa" apurada das necessidades e desejos da outra pessoa, e procura realizá-los, mas espera que ela também faça o mesmo em relação a si. O proflexor passivo submete-se ao outro freqüentemente, assumindo uma atitude de "aceitação" e tentando sempre corresponder às expectativas alheias, para que seu "amor" e "dedicação" sejam apreciados e reconhecidos. Assim, espera o "retorno" daquilo que oferece, manipulando o parceiro para que se sinta grato, culpado ou devedor.

O mecanismo da proflexão envolve expectativas não explícitas e desejos não expressos na relação. É um mecanismo de evitação freqüentemente observado na atitude de muitos indivíduos que manifestam dificuldades para amar. Apesar de argumentarem que buscam satisfazer o parceiro em nome do "amor", os proflexores "cobram" implicitamente um reconhecimento de tudo o que fazem. Assim, são incapazes de amar incondicionalmente, pois manipulam o outro para que os satisfaçam. É típica daquele que proflexiona uma atitude de "barganha" em seus relacionamentos. Ele oferece constantemente mas espera o "pagamento" por seus "sacrifícios", sua "boa vontade" e "resignação". Dessa forma, torna-se incapaz de se entregar sem intenções preconcebidas, assumindo o papel cristalizado de servidor incansável, para tentar se transformar no parceiro ideal, mas sempre aguardando resultados. Se o outro não desempenhar como é esperado, o proflexor fica ressentido, e sente-se explorado e injustiçado. Normalmente o proflexor verbaliza: *"Sempre dou mais do que recebo".* Coloca-se numa falsa atitude de altruísmo e bondade, mas tudo o que ele realiza visa a própria satisfação.

Em suas relações afetivas, o proflexor "ama" para ser amado, o que não caracteriza a atitude verdadeiramente amorosa de simplesmente amar. O proflexor não ama a si mesmo, acima de tudo, ele desrespeita a si e aos outros, uma vez que se relaciona somente através de jogos de controle e manipulação, não permitindo que se conheçam suas expectativas e necessidades reais.

A atitude de submissão do proflexor passivo tem como objetivo, muitas vezes, desencadear um sentimento de culpa no parceiro. Se este não for capaz de discernir os jogos aos quais é submetido, pode manter uma relação insatisfatória, ficando "paralisado" pela culpa e pela sensação de dívida permanente com o outro.

A relação amorosa envolve o respeito pelas necessidades da outra pessoa, e muitas vezes, uma certa capacidade de resignação, mas sempre consonante ao respeito por si mesmo. O amor relaciona-se com entrega, disponibilidade e "preocupação", com o bem-estar do ser amado, mas são atitudes que devem ser autênticas e livres de expectativas de retorno, o que não ocorre na experiência daquele que proflexiona. Muitas vezes, o proflexor associa amor a desempenho, ou seja, não se sente amado e nem digno de sê-lo pelo que é, e por isso precisa *fazer* pelo outro, para sentir-se merecedor de seu amor. No final, isso acaba não acontecendo e as *gestalten* permanecem inacabadas, pois não basta que o indivíduo seja amado mas que se sinta amado, o que depende diretamente do desenvolvimento da aceitação e do amor que ele sente por si mesmo.

Deflexão

A *deflexão é uma maneira de evitar um encontro verdadeiro com a outra pessoa. Os deflexores recusam-se a envolver-se com outros de modo inteiro e pessoal. Freqüentemente desviam o assunto, abstraem, evitam a intimidade.* Através da deflexão, os indivíduos evitam o contato por intermédio de abstrações, do humor, de discursos prolixos ou filosóficos, do relato das experiências de terceiros, ou mesmo esquivando-se do contato visual e até físico.

Relacionar-se amorosamente com a pessoa que deflete é difícil, pois ela recusa um envolvimento mais profundo. Em geral, ela não vivencia com intensidade suas experiências e evita a responsabilidade pelos próprios sentimentos. Além disso, o deflexor tem dificuldade para focalizar e se concentrar na própria experiência, desviando-se do contato com o meio. No relacionamento afetivo, o parceiro do deflexor pode sentir-se solitário por não ser visto e nem ouvido, uma vez que a dificuldade de concentração impede-o de compartilhar inteiramente as experiências a dois.

3. AS CAMADAS DA NEUROSE E A ATUALIZAÇÃO DO POTENCIAL AMOROSO

A utilização freqüente dos mecanismos de evitação do contato pelo indivíduo neurótico impede-o de experimentar a vida e as relações de modo criativo e amoroso. Além disso, ele se serve de manipulações nas suas relações afetivas, em vez de usar sua capacidade pessoal para o crescimento e o encontro genuíno com o outro.

"Somente pela experiência direta do tédio ou medo no presente, descobriremos o que tentamos evitar e começaremos a utilizar mais a nossa potencialidade" (Fagan e Sheferd, 1980.)

Assim, para desenvolver seu potencial amoroso, o indivíduo necessita romper a evitação e confrontar os medos subjacentes que a mantêm, cristalizando comportamentos e atitudes que não favorecem o livre fluxo do crescimento individual e relacional.

Baseando-me na teoria de Fritz Perls sobre as camadas da neurose, quero refletir sobre o papel do *medo,* no bloqueio da capacidade para o amor. Gostaria de ressaltar que entendo as ditas camadas da neurose de forma processual, no caminho do indivíduo (ou do cliente) em direção à retomada de seu crescimento. Obviamente, as "camadas" são referenciais meramente teóricos que facilitam a compreensão, pelo terapeuta, do processo do cliente. Aponto, a seguir, algumas características desse processo, e suas possíveis correlações com a atualização de sua capacidade amorosa do cliente, tal como as observo.

Perls descreveu cinco camadas da neurose que impedem o contato do indivíduo com a própria autenticidade: postiça, fóbica, impasse, implosiva, explosiva. A primeira camada da neurose é denominada camada **postiça**. As pessoas que permanecem nessa camada utilizam-se constantemente de papéis, de jogos de controle, para tentar ser o que não são. Comportam-se "como se" fossem: vítimas, controladas, seguras, fortes, injustiçadas, inteligentes, altruístas, etc. São atitudes baseadas num conceito, numa imagem ou fantasia, que fazem de si mesmas. Não vivem autenticamente e cristalizam-se nesses papéis diante do outro, sem revelar nem a elas próprias quem são.

O indivíduo que permanece nessa camada estabelece, com freqüência, o jogo do dominador-dominado, interna e externamente. Através dos jogos de controle, evita confrontar os próprios medos e angústias, responsabilizando os outros por suas dificuldades. Manipula as pessoas para que se comportem de maneira complementar, de modo a reforçar a evitação e não ter que se deparar consigo mesmo. Assim, a "vítima" busca o "agressor", o "forte" complementa-se com o "fraco", garantindo a manutenção do *status quo*. Paralelamente, ocorre a mesma "luta" interna, o que acarreta constante frustração, muitas vezes evitada através das projeções das polaridades desintegradas da personalidade.

O desempenho de papéis rígidos nos relacionamentos afetivos favorece o estabelecimento de vínculos parciais e inautênticos. Exemplificando, a "donzela" parte em busca de um "herói", o "filho" procura sempre uma "boa mãe" e a relação entre dois seres humanos integrais torna-se inviável, impedindo a possibilidade de vivenciar o amor, quando o indivíduo permanece cristalizado na camada postiça.

É importante enfatizar que o processo de retomada do crescimento faz com que a pessoa possa transitar pelas diversas camadas, sem que haja, necessariamente, uma seqüência de fluxo, ou seja, o indivíduo pode experimentar seus medos, voltar a desempenhar papéis, manifestar-se autenticamente, e "retornar" à primeira camada. A vivência autêntica e a inautêntica relacionam-se dialeticamente, pois a pessoa que se manifesta com autenticidade, em algum momento, também se manifestará de maneira inautêntica.

A segunda camada da neurose é denominada **fóbica**. Esse modo de ser envolve o contato com os medos que mantêm os comportamentos postiços. A atitude fóbica é ter medo de ser o que somos. Quando o indivíduo torna-se cônscio de seus papéis e manipulações, passa a entrar em contato com os próprios medos. Nos relacionamentos afetivos, em geral esses medos se caracterizam como medo da solidão, da rejeição ou de abandono, além do medo da perda do controle (entrega). Observo que a grande maioria dos clientes impossibilitados de se envolverem amorosamente, quando estão *"aware"* das evitações e deixam de manipular e representar, deparam-se com esses tipos de medo. Surgem, então, as fantasias "catastróficas" de que se forem o que são, se disserem o que pensam ou sentem, serão repudiados, agredidos, violados, ou abandonados. O momento em que o cliente se depara com os próprios medos é geralmente vivenciado com muito sofrimento e angústia, já que está "despido" das formas de proteção obsoletas usadas até então. Nesse momento, para que o cliente possa vivenciar os medos e a dor e manifestar as fantasias de "destruição", ele precisa contar com o amparo inicial do terapeuta, que o acolhe, mas sem "poupá-lo".

Esses medos mantêm a atitude de distanciamento da parte do cliente em relação a outras pessoas, já que ele necessita dos mecanismos de autoproteção que se manifestam através de papéis e jogos. Dessa forma, os medos não são resolvidos, apenas camuflados, e as *gestalten* permanecem inacabadas, tornando repetitivos os comportamentos em busca de satisfação. Assim, as necessidades de proteção e segurança permanecem sempre prioritárias na hierarquia de necessidades da pessoa, o que impede que ela estabeleça relacionamentos de entrega plena.

A terceira camada da neurose é o **impasse**, e ocorre quando o indivíduo não está pronto ou disposto a usar os próprios recursos para estabelecer um contato ou uma fuga genuínos.

Ao exemplificar o impasse, Perls (1988), descreve o que denomina "casamento comum":

*"... os dois parceiros não estão mutuamente apaixonados, mas alimentam apenas um conceito de como deveria ser o outro. Cada um dos cônjuges não faz quase idéia alguma sobre como é o outro e assim o comportamento de um deles não se ajusta ao que o parceiro espera, ele fica descontente e começa fazendo o jogo das culpas, em vez de se aperceberem de que estão num impasse porque se enamoraram de uma imagem, de uma fantasia. Estão atolados. Mas ignoram **como** se atolaram e esse é o impasse".*

Ele diz ainda que, se estivermos cônscios do impasse, este desmoronará e ficaremos livres dele.

Quando o indivíduo liberta-se do impasse, depara-se com a sensação ou o medo da morte. Essa experiência caracteriza a quarta camada, a chamada **implosiva,** onde as energias necessárias à vida estão bloqueadas e investidas inutilmente.

O contato com o medo da morte pode levar as pessoas ao desespero, mas possibilita uma compreensão mais ampla de como se limita e restringe. É dessa forma que ela pode começar a experimentar novos comportamentos.

Acredito que seja pelo contato com a sensação de perda, com o sentimento de morte, que a pessoa pode se conscientizar de seus modos de ser anteriores e começar a *compreender-se* genuinamente, de modo a fazer brotar do vazio, do nada, da "morte", a espontaneidade e, conseqüentemente, *o amor por si mesmo.* É a partir dessa vivência que o indivíduo "retorna" a si e experimenta o amor. Considero estes momentos "alquímicos" do processo terapêutico, quando se realiza a transformação da pessoa naquilo que ela já é, e daí, a possibilidade de aceitar-se, confirmar-se e amar-se, transformar-se numa realidade. Só a "morte" da falsa auto-imagem fabricada, fundada em medos, em dor e desespero possibilita o amadurecimento, a atualização da individualidade, um verdadeiro renascimento, que se dá através da explosão.

Na camada explosiva, as energias que não foram utilizadas anteriormente são liberadas através da alegria, da dor, da cólera, ou orgasmo. Perls considera um indivíduo completo quando ele é capaz de explodir dessas quatro maneiras. Talvez, ao ser capaz de liberar alegria, dor, cólera e orgasmo, ele possa vivenciar o amor, estando pronto para ver a si e o outro, encontrar-se com o diferente, entregar-se à vida e às relações de maneira plena e intensa.

Capítulo 3

O AMOR TERAPÊUTICO

> "*Como, amor, te chamam cego se nasces com o olhar?*"
>
> TIRSO DE MOLINA

> "*... a minha arte é 'tocar' as pessoas. 'Tocar' pela palavra, gesto, afeto, expressão, olhar, movimentos, etc., nos seus pontos sensíveis, adormecidos, cristalizados, encantados. Eu consigo 'tocar' quando fui ou estou sendo 'tocado' por essa mesma pessoa*".
>
> ABEL GUEDES
> (psicoterapeuta)

1. O AMOR TERAPÊUTICO E SUA MANIFESTAÇÃO

As raízes e origens do termo "terapeuta"* revelam que os terapeutas foram judeus sectários, contemporâneos do Cristo, que viveram principalmente em Alexandria, no Egito. Professavam o princípio do "amor a Deus e ao próximo", realizando curas, assistindo seus semelhantes em dificuldades. Transcorridos dois mil anos, os terapeutas contemporâneos, profissionais da saúde mental, ainda mantêm os princípios e ideais dos terapeutas originais. Servir ao próximo é o eixo central da profissão. Dedicamos nosso trabalho aos que buscam amor, harmonia e alívio para seus sofrimentos. Acreditamos que o homem seja capaz de crescer e se auto-realizar.

---

* Do grego *thrapeutaès*, de *thérapeuin*, servir, cuidar, servidores de Deus.

Procuramos aprender, conhecer e criar instrumentos e atitudes capazes de amenizar os conflitos humanos e acompanhamos o outro na sua busca de um sentido para a vida. Confiamos nas potencialidades de cada um mesmo que estejam ocultas sob o desespero, as dificuldades e a dor.

Resgatar nossa origem como missionários do amor significa aproximarmo-nos também das raízes do sofrimento humano, ou seja, o desamor, fonte de tantas dificuldades psicológicas daqueles com os quais nos deparamos no contexto clínico.

Neste capítulo faço uma reflexão sobre a manifestação amorosa do terapeuta pelo cliente, a que denomino "amor terapêutico". Acredito que nesse tipo de relação o amor pode acontecer, e se manifesta com características diferenciadas das outras formas de amar. Acredito também que as atitudes amorosas do terapeuta facilitam o desenvolvimento do potencial de amor do cliente; obviamente, devem ser a base para o trabalho psicoterapêutico, que envolve conhecimentos teóricos, filosóficos e técnicos, e sem os quais a relação terapêutica seria descaracterizada.

Sinto e percebo em minha experiência profissional que o amor, no sentido de um estado e modo de ser, "acontece" no encontro com os clientes. É óbvio que não me sinto amorosa em todas as sessões, e nem em todos os momentos, pois como ser humano não é sempre que estou plenamente disponível, equilibrada, ou mesmo, integrada interiormente. Acredito, porém, que o fenômeno do amor deve ocorrer para que a relação tenha realmente natureza terapêutica. Não quero dizer com isso que, para um psicoterapeuta, basta estar em estado de amor para realizar um bom trabalho. Os requisitos profissionais são essenciais para poder auxiliar o outro que nos procura; mas se o terapeuta é incapaz de manifestar-se amorosamente em relação a seus clientes, questiono sua capacidade de "vê-los".

A relação terapêutica possui conhecidas características que a diferenciam das demais relações humanas, extensamente estudadas nas teorias da prática psicoterápica. O amor terapêutico é mais um dos aspectos que distinguem essa forma de encontro de tantas outras. Essa manifestação de amor difere do amor fraterno, certamente do amor materno e paterno, erótico e romântico, mas sem dúvida é uma forma de amar com características próprias.

Penso que o amor terapêutico pode se manifestar não só na relação psicoterapeuta-cliente; um médico, um fisioterapeuta, um fonoaudiólogo, um terapeuta ocupacional também podem manifestar-se amorosos na relação com seus pacientes; certamente, suas atitudes amorosas facilitarão o processo de cura, de recuperação ou de reabilitação dos mesmos, uma vez que a saúde é muito mais do que a ausência de doenças, mas um estado de integração do indivíduo.

Parece estranho refletir sobre o amor na relação terapêutica utilizando um discurso que não nos é familiar, em nosso campo de conhecimento.

"O discurso amoroso é, hoje em dia, de uma extrema solidão. Esse discurso talvez seja falado por milhares de pessoas (quem sabe?) mas não é sustentado por ninguém; foi completamente abandonado por linguagens circunvizinhas ou ignorado, depreciado, ironizado por elas, excluído não somente do poder, mas também de seus mecanismos (ciência, conhecimentos, artes)." (Barthes, 1986.)

O trabalho psicoterapêutico é uma prática do amor, pelo menos nas práticas humanistas e transpessoais.

"O ser humano permanece um mistério, assim como o encontro entre duas pessoas é um mistério ainda maior, o mistério do Amor. E cada novo encontro me faz relembrar isso de alguma maneira. Sem dúvida, não se pode ignorar o jogo das projeções e a importância da transferência e da contratransferência, mas existe algo maior nesses encontros... O amor é o evocador, é o princípio de todo trabalho terapêutico. Sem ele nada acontece na vida. É ele que favorece a abertura, o diálogo, a vida, a verdade (...) o que impressiona e me assusta, é quando nós, terapeutas, temos medo do amor.

Até aprendemos técnicas para nos protegermos. No entanto, só o amor pode curar o amor ferido." (Bonaventure, em Porchat e Barros, 1985.)

É através do estado de ser amoroso que o terapeuta cria condições para que o cliente possa ouvir, ver, compreender, aceitar e amar a si mesmo. O amor só pode ser recebido pelo cliente se ele próprio estiver em estado amoroso; o amor do terapeuta cria a oportunidade para que o potencial de amor do cliente possa ser ativado por ele mesmo.

Descreverei, a seguir, a manifestação amorosa terapêutica, na tentativa de caracterizá-la mais especificamente.

O amor terapêutico manifesta-se através de um estado e um modo de ser caracterizados pela integração e diferenciação da personalidade que nos permite ver, aceitar e encontrar o outro (cliente) como um ser único, diferenciado, e semelhante na sua condição de humano. O amor terapêutico envolve a ausência de necessidades em relação ao cliente, ou seja, este não pode "funcionar" como objeto de satisfação das necessidades do terapeuta, como aceitação, valorização, confirmação e amor. O terapeuta em estado de amor é capaz de se auto-sustentar na relação com o cliente. Coloca-se a serviço dele e se dispõe a funcionar como instrumento para seu crescimento pessoal. A atitude terapêutica envolve entrega, despojamento e a capacidade do terapeuta de colocar o próprio mundo, sua história, seus sentimentos e conhecimentos, suas emoções e experiências e até os próprios sofrimentos entre parênteses, a menos que seja a serviço do cliente.

O amor terapêutico é incondicional, o que não significa que não existam regras, limites, normas e condições para que a relação terapêutica aconteça. Essa relação pressupõe um contrato profissional entre cliente e terapeuta, com papéis definidos e fixos, mas isso não impede o estabelecimento de um vínculo afetivo e amoroso, que permita o acontecimento do encontro entre dois seres humanos.

O amor terapêutico envolve a aceitação e a confirmação do cliente tal como ele é, o que significa validar as necessidades, os desejos, os sentimentos, as crenças, os valores, os conflitos, as dificuldades, enfim, a existência do outro. A confirmação inclui a possibilidade de discordar do cliente, negar satisfações e até "frustrar" manipulações e jogos de controle; confirmar e amar incondicionalmente implica também o estabelecimento de *limites* entre si mesmo e o cliente, e na capacidade do terapeuta de colocar-se como um ser humano merecedor de respeito. Isso não quer dizer que o terapeuta necessite ser agressivo ou precise abusar do próprio poder para "frustrar" as manipulações a que está sujeito, mas sim oferecer suporte para que o cliente experimente as próprias limitações e dificuldades, responsabilizando-se por elas.

Esta ressalva acerca da atitude do terapeuta frente às manipulações do cliente se faz necessária em virtude dos excessos cometidos por muitos terapeutas na época em que as técnicas para suprimir evitações foram desenvolvidas. Sabemos quanto se discute atualmente os "usos" e "abusos" da utilização das técnicas e experimentos em Gestalt-terapia. As técnicas que suprimem evitações jamais podem ser utilizadas como um fim em si mesmas, e é um ato amoroso do terapeuta ser capaz de "cortar" evitações, facilitar a expressão e o contato do cliente com a própria dor, sem desestruturá-lo ou acrescentar sofrimentos adicionais aos que ele já experimenta. Em muitas situações, o terapeuta precisa ser "firme", "duro" e "forte" para limitar as manipulações e auxiliar o cliente a assumir responsabilidades e crescer; porém não é necessário ser "rude", "implacável", "agressivo" ou "frio", o que não caracterizaria uma atitude amorosa, mas sim desintegrada, narcísica ou defensiva da parte do terapeuta.

A manifestação amorosa do terapeuta inclui sua capacidade para *confirmar* o cliente. Segundo Friedman (s.d.) *"a confirmação está no cerne da cura pelo encontro".* Para tanto é preciso que o terapeuta considere o cliente em sua existência dinâmica, ou seja, em suas potencialidades para a auto-realização.

Na afirmação de Buber (1974), *"descubro em você exatamente por meio de meu amor acolhedor... o que você está destinado a tornar-se",* a confirmação é um ato amoroso que valida o potencial total do outro.

Acredito que Buber ao descrever a genuína relação dialógica referia-se essencialmente ao fenômeno do amor, como o que ocorre entre o EU e o TU: *"O dialógico... é... a disposição, após todos os esforços individuais, de submeter-se ao entre — de reconhecer que um encontro genuíno só pode ocorrer pela graça". "O TU encontra-me pela graça — não é encontrado pela busca". "Algo acontece entre nós. Há um momento de encontro. Cada um de nós é tocado por algo além de nosso self, por essa outra pessoa. É simultaneamente um momento de união como de separação. Posteriormente, nenhum de nós dois é, exatamente o mesmo que éramos há um instante."*

Obviamente, o encontro EU-TU é uma experiência bastante rara. Não pode ser conduzida ou forçada. Observar que mesmo estando dispostos a encontrar o cliente, o encontro pode não acontecer. "A abordagem do outro pode ser totalmente diálogica, porém, isto não garante que o encontro EU-TU irá ocorrer."

Yalom (em Hycner, 1990) afirma que estar disponível não assegura o encontro com o outro:

"Aproximar-me de uma outra pessoa com uma atitude EU-TU, não assegura o desdobramento de um encontro EU-TU mútuo. Sou incapaz de forçar o outro a encontrar-me. Não posso unilateralmente, por meio de algum empenho (esforço) sobre-humano ou místico ocasionar o encontro. Aqui confronto-me profunda e inexoravelmente com os limites de minha própria humanidade."

Essas colocações reforçam a concepção de que o amor não pode ser "recebido", a menos que se esteja em estado de amor. Podemos, como terapeutas, estar amorosos e disponíveis ao encontro, porém o cliente só será capaz de sentir e vivenciar o amor ao encontrar-se ele mesmo em estado de amor. Na relação EU-TU o amor é compartilhado. Quando Buber menciona que na relação dialógica somos tocados por algo além de nós, esse "algo" a que ele se refere é justamente o amor, *entre* dois seres íntegros e diferenciados (EU-TU).

Como terapeutas é essencial que nos coloquemos como um EU na relação, para que exista a possibilidade do encontro. Colocar-se como um EU é encontrar-se em estado de amor e, portanto, ser capaz de ver e ouvir o cliente, facilitando sua expressão de vida. A capacidade de ouvir do terapeuta é uma manifestação desse estado de ser amoroso. Lao-Tsé, o grande sábio chinês, diz:

"É como se ele ouvisse e este ouvir nos envolve em tal silêncio, que por fim começamos a ouvir o significado de nosso próprio ser."

A atitude amorosa do terapeuta envolve fundamentalmente a *permissão* para que o cliente se manifeste tal como ele é. É claro que, como seres humanos, os terapeutas não são capazes de se encontrar em estado amoroso todo o tempo, dentro ou fora do contexto terapêutico. A contratransferência é muitas vezes inevitável, assim como as projeções, as necessidades insatisfeitas, as cristalizações, as evitações e as *gestalten* inacabadas, que também fazem parte de nossa dinâmica psicológica como seres em crescimento. Por isso a necessidade de realizar a própria psicoterapia, para garantir ao máximo a percepção dos limites entre o terapeuta e o cliente.

Acredito que no contexto terapêutico de algum modo potencializamos nossa capacidade humanitária e amorosa para nos encontrarmos com os clientes. Tentando estar disponíveis e a serviço do outro, podemos também aprimorar a *awareness* de nós mesmos, já que para ver o outro é necessário perceber-se. Assim, o cliente depara-se consigo mesmo ao utilizar o terapeuta como instrumento, até existir a genuína mutualidade entre ambos, e "isto é essencialmente o fim da terapia". (Hycner, 1990.)

A possibilidade de se estabelecer uma relação terapêutica acontece pela capacidade do terapeuta de amar fraternalmente, pois o cliente é a princípio um ser desconhecido e o vínculo afetivo ainda não foi criado.

É necessário ressaltar novamente que o amor se manifesta não apenas como um sentimento de um ser humano para com outro. Os sentimentos podem advir do amor, porém não encerram em si o amor. Os sentimentos dirigidos ao outro são apenas parte do amor. A relação viva implica sentimentos, mas não existe em função dos mesmos. Portanto, é o estado de ser amoroso do terapeuta que possibilita a formação do vínculo com o cliente, que em geral chega à psicoterapia impossibilitado de estar amoroso no mundo.

O amor é "terapêutico" por natureza. Um indivíduo em estado de amor (fraterno, materno, erótico, terapêutico) favorece o crescimento das pessoas com as quais se relaciona, pois as coloca diante delas mesmas, ainda que se utilizem de mecanismos que dificultem o próprio crescimento.

As atitudes amorosas do terapeuta favorecem o contato do cliente com o "desamor" próprio, uma vez que através da relação terapêutica ele poderá perceber que, apesar de ser aceito, valorizado, respeitado e amado, ainda assim ele rejeita, desvaloriza, desrespeita e deixa de amar a si mesmo. As atitudes amorosas do terapeuta possibilitam ao cliente expandir a *awareness* de si, percebendo seus jogos de controle, manipulações, medos e defesas.

O cliente que não ama a si mesmo envolve-se em relações não amorosas, pois nesse caso relacionar-se com o outro amoroso significa perceber-se e deparar-se com as próprias dificuldades. O indivíduo amoroso não estabelece jogos manipulativos, nem cristaliza-se no desempenho de papéis rígidos, ou absorve projeções advindas do parceiro. Relacionar-se com uma pessoa verdadeiramente amorosa é como estar diante de um espelho e ver refletida a própria imagem, seja ela bela ou defeituosa. E este é um dos aspectos essenciais da relação terapêutica: o terapeuta amoroso confirma as necessidades do cliente e o aceita tal como é, mas sem contracontrolar ou manipular, sem seduzir nem deixar-se seduzir, sem incorporar projeções ou buscar onipotentemente satisfazer o cliente e "salvá-lo" das próprias dificuldades. Ele se oferece como instrumento para que o cliente experimente com segurança todo sofrimento auto-imposto, e a partir da constatação profunda de seus modos de existir, possa confirmar-se e compreender-se para ser capaz de amar a si mesmo.

O terapeuta amoroso não só funciona como "espelho" dos aspectos conflitantes ou destrutivos do cliente. Obviamente, reflete suas capacidades e potencialidades, seus aspectos construtivos, belos e únicos, sua singularidade. O cliente que não se vê, não deixa apenas de deparar-se com os medos e as dificuldades, como também com a própria beleza, seus aspectos positivos e criativos, suas capacidades e habilidades, enfim, com a própria individualidade. Não confirma a si mesmo, mantendo um autoconceito negativo, rígido e deformado.

"*O bom psicoterapeuta insere... uma fina aresta de dúvida na crosta do autoconceito do paciente ajudando a ocasionar seu colapso de modo que ele o reforme.*" (Jourard, em Friedman, s.d.)

Outra característica do amor terapêutico refere-se à confiança do terapeuta no potencial do cliente para a auto-realização.

"*...a confiança e a esperança não contribuem para a cura, mais exatamente, são elas próprias a indicação de que uma cura organísmica total, ou processo de reintegração, foi posto em movimento... A confiança existencial de uma pessoa em uma outra tem representação específica no domínio da cura. Enquanto essa confiança não estiver presente, a necessidade de entregar nas mãos do terapeuta aquilo que é reprimido nem sequer será percebida. Sem essa confiança, nem mesmo os mestres em método podem efetuar cura existencial.*" (Friedman, s.d.)

A confiança no cliente é uma manifestação do estado de ser amoroso do terapeuta. Confiar no cliente não pressupõe apenas conhecimentos teóricos e técnicos mas, antes de tudo, confiança na humanidade, na possibilidade de relações mais verdadeiras, no possível bem-estar do homem, na harmonia e no amor. Não concebo um verdadeiro terapeuta que não acredite nas possibilidades humanas. E essa crença não depende do conhecimento intelectual do homem. Antes de tudo, é a manifestação de fé e de amor do terapeuta em sua relação com o mundo, com a vida e consigo mesmo, como pessoa integral.

Uma das características do amor terapêutico, em que gostaria de me deter um pouco, é a capacidade do terapeuta para estar disponível durante o encontro com seus clientes. Estar a serviço do outro significa priorizar o cliente na relação, colocando-se no fundo, num contexto em que as questões do cliente devem ser a figura. Sem dúvida, é necessário estar congruente, ou seja, ser capaz de ouvir os próprios sentimentos e perceber conflitos e necessidades. Nem sempre isso é tarefa simples e fácil para um terapeuta. Há momentos em que suas questões, seus conflitos e suas dificuldades pessoais requerem muita energia do terapeuta, dificultando sua disponibilidade de estar integralmente a serviço do cliente. Nesses momentos, é preciso que o terapeuta possa estar *aware* de si mesmo, para avaliar em que medida poderá estar para o outro. Acredito que em muitas situações difíceis, ainda é possível, para o terapeuta, estar disponível ao cliente, ainda que seja com um esforço maior do que o habitual. Porém, em certos momentos (e isso depende de cada terapeuta), estar disponível é praticamente impossível; cabe ao terapeuta agir do modo mais adequado possível para a situação, em relação ao cliente, seja desmarcando um atendimento, seja encaminhando-o a um colega. Estas são, no meu entender, atitudes amorosas do terapeuta: tanto o esforço para estar disponível em situações pessoais difíceis, quanto a humildade em reconhecer (para si mesmo) as próprias limitações e impossibilidades.

A atitude amorosa do terapeuta envolve também a capacidade de preservar-se, proteger-se, reconhecer e respeitar a si mesmo. Ainda que, em certos momentos, possa estar menos disponível. Obviamente, isto deve ocorrer dentro de certos limites, de maneira a não prejudicar o cliente, ou interferir negativamente em seus conflitos. O terapeuta deve estabelecer critérios coerentes para saber se está ou não capacitado para receber o cliente em momentos pessoais difíceis. É preciso avaliar o momento do processo do cliente e decidir a melhor atitude a ser tomada, respeitando a si mesmo e ao outro. O amor é responsabilidade para com o outro. É necessário que o terapeuta reconheça a própria individualidade e responda ao cliente, considerando-o na relação. O terapeuta que "despreza" suas limitações, conflitos e dificuldades não pode estar *aware* de si e da relação, e, conseqüentemente, não se colocará como um **Eu** na relação com o cliente e deixará de vê-lo como um **Tu**.

Em psicoterapia, o processo deve visar a separação cliente-terapeuta. O objetivo da psicoterapia é a retomada do crescimento do cliente, ou seja, a posse e responsabilidade pela própria vida. Quando, durante o processo, o cliente puder experimentar-se como um **Eu** e relacionar-se com o terapeuta como um **Tu,** a terapia chegará ao seu final. A atitude amorosa do terapeuta implica também reconhecer as próprias variações de disponibilidade para com o outro. Não é desamor não estar totalmente disponível. É desamor quando simula-se a disponibilidade, uma vez que não se confirma a si mesmo e, conseqüentemente, o outro.

Não digo que, para ser congruente, o terapeuta deva comunicar ao cliente se está ou não disponível, ou em que medida isso se dá, a não ser que implique confirmá-lo. O terapeuta deve, antes de tudo, comunicar a si mesmo e reconhecer quando os próprios limites poderão interferir prejudicialmente na dinâmica do cliente; e, então, buscar maneiras responsáveis de colocar-se diante dele, acima de tudo confirmando-o e respeitando-o.

Assim, para que o terapeuta possa estar amoroso na relação com seus clientes deve estar com seu processo de crescimento pessoal em andamento. Um indivíduo com bloqueios de crescimento cristalizados dificilmente conseguirá estar disponível o suficiente para estabelecer vínculos terapêuticos.

Com o processo de diferenciação e integração da própria personalidade em andamento, o terapeuta poderá desenvolver atitudes que favorecerão a retomada do crescimento por parte do cliente.

Acredito que as atitudes amorosas do terapeuta facilitam a atualização de diversas potencialidades do cliente, retomando o livre trânsito entre as polaridades de sua personalidade. Em geral, através de suas atitudes, o terapeuta reflete polaridades ocultas (que permanecem como fundo) ou potencialidades não desenvolvidas do cliente para amar a si mesmo e aos demais.

As atitudes amorosas do terapeuta se configuram como verdadeiras polaridades das atitudes não amorosas do cliente para consigo mesmo. Isso não significa que todos os clientes não consigam manifestar-se amorosos em determinados momentos, ou que todos os terapeutas manifestem-se amorosamente com todos os clientes e em todas as sessões. O que considero é que as atitudes amorosas do terapeuta dão ao cliente a oportunidade de experimentar na relação aquilo que ele sempre busca mas não é capaz de encontrar-se em si mesmo: a aceitação e o amor incondicional.

A atitude amorosa do terapeuta é, em si, transformadora, na medida que promove novas possibilidades de relação para o cliente que em geral, vivencia seus envolvimentos afetivos de forma repetitiva, rígida e cristalizada.

A seguir, mencionarei as características da atitude amorosa que envolvem processos, capacidades, habilidades e potencialidades de relação intra e interpessoal, e que em geral, facilitam o desenvolvimento do potencial amoroso do cliente. Paralelamente, mencionarei as polaridades, as atitudes e os mecanismos psicológicos que dificultam ou impedem a manifestação do amor:

Características da atitude amorosa	Características da atitude não amorosa
Confirmação	Falsa confirmação ou desconfirmação
Empatia	Proflexão
Entrega (disponibilidade)	Controle
Espontaneidade	Manipulação
Aceitação incondicional	Aceitação condicional ou rejeição
Congruência	Incongruência
Autenticidade	Inautenticidade
Responsabilidade	"Shouldismo"*
Confiança existencial	Descrédito

Desapego Contato Retração Fluidez Presentificação Concentração Compartilhar Integração Criatividade Auto-suporte Independência Individuação** Expressão Awareness *** Livre trânsito entre polaridades	Possessividade Evitação Isolamento Rigidez Ansiedade Deflexão Confluir Projeção Repetição Hetero-suporte Dependência Individualismo Retroflexão Interrupção da *awareness* Cristalização em polaridades

As características mencionadas indicam apenas um conjunto de potencialidades de um indivíduo que, ao serem atualizadas, possibilitam a manifestação amorosa. Isto não significa que como pessoas ou terapeutas sejamos capazes de permanecer totalmente integrados durante todo o tempo, e nem sequer que isso seja viável.

O intuito de mencionar as características é apontar para o fato de que a atitude amorosa do terapeuta funciona como um "fundo" de novas possibilidades de relacionamento do cliente consigo mesmo e com os demais. Além disso, a atitude amorosa do terapeuta favorece o desenvolvimento de um fluxo contínuo de

---

* shouldismo: Dizer para si mesmo ou para os outros "o que deveria ser", para evitar a experiência, o presente (o que é) Reconhece-se esta forma de evitar através de afirmações como: "Eu deveria esquecer essa pessoa", ou "Ele deveria dizer que me ama", etc.
** individuação: Processo de totalização do indivíduo; atualização das potencialidades individuais.
*** *awareness:* Processo de estar em vigilante contato com o evento mais importante no campo indivíduo/meio, com suporte sensório-motor, cognitivo, emocional e energético. É experienciar e saber o que (e como) estou fazendo agora.

awareness do cliente acerca de suas necessidades, de seus sentimentos e modos de ser que lhe permite, entre outras coisas, perceber gradativamente o terapeuta como participante da relação e alguém que lhe oferece amplas possibilidades para ser como é, o que em geral ele não permite a si mesmo.

Penso que a atitude amorosa do terapeuta permite que o cliente passe a questionar o "mito do amor condicional", ou seja, as crenças, os valores e as atitudes, nos relacionamentos afetivos, baseadas na crença maior de que o amor só pode ser vivido sob certas condições.

Possibilita também que o cliente experimente uma nova maneira de relacionar-se, na qual a aceitação, o respeito, a consideração, os limites, a responsabilidade, o compartilhar e o amor estão presentes.

Assim, ao oferecer um clima de segurança, o terapeuta possibilita ao cliente experimentar a vulnerabilidade, as necessidades, os sentimentos próprios e também, o amor. O cliente pode ser aceito, respeitado, valorizado e amado e, progressivamente, recuperar a aceitação de si mesmo, desenvolvendo sua capacidade para amar.

Através da relação terapêutica, o cliente pode encontrar novas alternativas para relacionar-se amorosamente e "descobrir" que é possível:

— Duas pessoas relacionarem-se contrutiva e amorosamente, apesar de serem diferentes.
— Respeitar e preservar a própria individualidade na construção e no crescimento de um relacionamento.
— Duas pessoas confiarem uma na outra e manterem o respeito mutuo.
— Entregar-se, sem que isso signifique submissão ao outro, e sim a possibilidade de encontrá-lo.
— Ser livre e envolver-se com profundidade.
— Falhar, cometer enganos, e ainda assim, ser amado.
— Ser o que se é, sendo aceito e valorizado.
— Receber amor e não ser cobrado.
— Ser amado e não ter que corresponder às expectativas do outro.
— Amar e ser amado sem sofrimento.
— Expressar-se e não sentir-se enfraquecido ou inferiorizado.

— Sentir-se digno de ser amado.
— Amar a si mesmo e ao outro.
— Descobrir e aprender sempre algo novo no relacionamento.
— Separar-se, diferenciar-se e continuar amando e sendo amado.

Na relação terapêutica, o cliente pode também se permitir expressar com espontaneidade sentimentos como carinho, gratidão, respeito e amor pelo terapeuta. Não me refiro aqui aos mecanismos transferenciais, ou ao "amor" transferencial, certamente presente em qualquer relação terapêutica. Independentemente dos processos de transferência, acredito que haja momentos ao longo do processo terapêutico em que o cliente pode genuinamente experimentar o amor por si mesmo, e compartilhá-lo com o terapeuta. É claro que isso não ocorre com todos. Alguns podem interromper o processo sem ter vivenciado um momento verdadeiramente amoroso na relação. Os momentos nos quais um cliente começa a experimentar o amor por si mesmo nem sempre são alegres e agradáveis. O amor por si mesmo pode acontecer até em situações em que o cliente se permite sentir e expressar suas dores mais profundas, com aceitação e espontaneidade.

Assim, a atitude amorosa do terapeuta envolve a confirmação do cliente não só como alguém que sente raiva e tristeza, que se magoa e tem necessidades, mas também enquanto um ser que se alegra, valoriza, respeita, compreende, auxilia e ama, inclusive na relação terapêutica.

O terapeuta deve saber discriminar as ocorrências transferenciais das manifestações amorosas do cliente, compartilhando-as e confirmando-as. Há momentos raros e belos de encontro entre terapeuta e cliente. Podem ocorrer durante ou no final do processo terapêutico e, no meu entender, significam que o processo de *restauração do self* está em andamento.

Na relação terapêutica o encontro pode ocorrer quando o cliente e terapeuta se manifestam amorosos; é então que o amor ocorre *entre* os dois. Não há um amor "doado" ou "recebido", mas sim, um amor compartilhado.

2. O AMOR TERAPÊUTICO E A VIVÊNCIA DA POLARIDADE FEMININA

Mencionei anteriormente a importância da integração da personalidade para que um indivíduo possa amar verdadeiramente, minimizando a ocorrência de projeções e dos processos narcísicos. Ao trabalhar com um cliente que apresenta dificuldades de se relacionar amorosamente, o terapeuta certamente deverá atuar para descristalizar polaridades, principalmente a feminina. Abordei no primeiro capítulo a relação que existe entre as dificuldades para o amor e a "expulsão" de nossa vida dos valores femininos, como os sentimentos, a compreensão, a receptividade, a sensibilidade, a suavidade, a introspecção, entre outros. A supervalorização cultural dos aspectos masculinos acarretou uma polarização cristalizada da personalidade de muitos homens e mulheres, o que implica em inúmeras dificuldades afetivas. Em nível psicológico, essas dificuldades podem aparecer na evitação do contato com as necessidades e potencialidades "femininas" que se refletem nas relações afetivas em forma de bloqueios e impedimentos a contatos mais profundos. Atualmente, as dificuldades com a vivência da polaridade feminina não se manifestam apenas em indivíduos do sexo masculino, já que são negligenciadas por muitas mulheres, em busca da "igualdade" com os homens. Nos dias de hoje, muitas delas buscam integrar seus aspectos masculinos, como a capacidade para a independência, liberdade, intelectualidade, tomada de decisões, iniciativa e atividade autônoma. Mas para que a polaridade masculina se fortaleça não é preciso desintegrar de sua personalidade e seus relacionamentos a capacidade de entrega, da suavidade e do amor.

Observo na minha relação com muitos clientes, homens e mulheres, um contato de má qualidade com seus aspectos femininos, manifestado nas dificuldades de amar, expressar afetos e sentimentos, aceitar a própria vulnerabilidade, confiar no outro, aprofundar o envolvimento e estabelecer relacionamentos estáveis. É comum que os aspectos masculinos sejam demasiadamente exacerbados, comprometendo o equilíbrio da personalidade da pessoa e de suas relações. Dessa forma, a independência pode se transformar em isolamento, a força em dureza ou brutalidade, e a capacidade racional excede-se em intelectualizações. É claro que, se as potencialidades femininas são negligenciadas, elas permanecerão como "fundo" ou "sombra" na personalidade; a receptividade pode se revelar na forma de passividade, a sensibilidade deformar-se em sentimentalismos ou carências, a capacidade de entrega, em dependência, e a vulnerabilidade, em fraqueza. Alienar os aspectos femininos, tanto quanto os masculinos, deforma a personalidade e, conseqüentemente, dificulta a vivência do amor.

Acredito que a atitude amorosa do terapeuta favoreça a integração da personalidade do cliente, pois dá a ele a possibilidade transitar entre duas polaridades, masculina e feminina. Ao colocar-se empático, receptivo, disponível e compreensivo, o terapeuta atualiza sua polaridade feminina, oferecendo fluidez na relação com um cliente "cristalizado" em sua polaridade masculina.

O terapeuta também atualiza sua polaridade masculina na relação ao focalizar, ao concentrar-se na experiência do cliente, raciocinando, analisando e estabelecendo limites entre si e o outro, frustrando manipulações, oferecendo suporte, etc. Através da própria fluidez e do trânsito entre as polaridades de sua personalidade, o terapeuta possibilita que o cliente experimente em si mais flexibilidade para relacionar-se consigo e com o outro.

O terapeuta integrado é capaz de ser amoroso, disponível, receptivo, suave, sensível e intuitivo, e ainda assim manter-se firme, inteiro, diferenciado, singular, independente e livre.

Esse tema das polaridades na relação terapeuta-cliente é bastante complexo e muito importante no trabalho junto aos clientes que manifestam dificuldades de amar e sentirem-se amados.

3. O AMOR TERAPÊUTICO E O RESGATE DA ESPIRITUALIDADE

A relação terapêutica é um experimento de amor. Seja para o cliente, seja para o terapeuta. Mesmo tendo papéis diferentes, a crença na possibilidade humana de amar e compartilhar sua humanidade, é a verdadeira base para que se estabeleça o vínculo terapêutico.

Sua atitude de servir o outro, atualizando as próprias potencialidades amorosas, permite que o terapeuta, como pessoa integral, cresça, conheça-se e humanize-se na relação com o cliente. Ele "exercita" assim sua capacidade de amar, em cada encontro, cada sessão. Exercita a auto-observação, a auto-aceitação, a autosustentação e o respeito por si mesmo ao comprometer-se verdadeiramente com a própria profissão. Só assim, terá algo a oferecer para facilitar o crescimento daquele que o procura.

Algumas das motivações para que o terapeuta realize seu trabalho paciencioso, são, na verdade, a crença e a esperança na possível mutualidade, no amor compartilhado, conquistado e construído, por dois seres humanos. Nesse sentido, estamos preservando os ideais originais dos terapeutas: o amor ao próximo, manifestado através da verdadeira atitude terapêutica.

Dessa forma, acredito que a psicoterapia pode facilitar o desenvolvimento da espiritualidade do cliente, na medida em que favorece a ampliação de sua consciência, a valorização da individualidade própria e dos demais, a possibilidade do encontro, o fluxo de crescimento em direção à totalidade e à integração, a retomada do significado da vida, a responsabilidade e o estado de ser amoroso no mundo. O indivíduo que é capaz de amar transcende a si mesmo e consegue irmanar-se, colocar-se no mundo como um **Eu** disponível para encontro com um **Tu**, inclusive, o "Tu Eterno" (Buber, 1974).

A Gestalt-terapia (e a busca da relação dialógica) contribui para a atualização da espiritualidade do cliente. Mesmo não realizando diretamente um trabalho de natureza teológica, religiosa ou espiritual, acredito que adentramos esse domínio do humano.

A influência do pensamento de Buber na atitude do Gestaltterapeuta reafirma o reconhecimento da dimensão espiritual na relação psicoterápica. Hycner (1990), um profundo estudioso do pensamento de Martin Buber, menciona:

"Discutir uma filosofia do diálogo, falar sobre o entre e

mencionar a graça, coloca meu pensamento explicitamente num contexto espiritual. Por espiritual quero dizer um reconhecimento de uma realidade maior do que a soma total de nossas realidades individuais, e do mundo físico e visível. Para mim é inconcebível impregnar-me de uma abordagem dialógica sem reconhecer uma dimensão espiritual ou transpessoal. Cada vez mais sinto que em meus melhores momentos terapêuticos estou presente a alguma realidade espiritual e algumas vezes sou seu instrumento."

Assim como a questão do amor permaneceu inexplorada pela psicologia, também a questão da espiritualidade limitou-se a ser uma questão teológica ou religiosa. Não proponho, é claro, que devamos realizar trabalhos de natureza religiosa, mas que passemos a considerar, estudar, compreender e nos preocupar com a dimensão espiritual em nosso trabalho. Isso não descaracteriza a prática psicoterápica, mas, ao contrário, reafirma a concepção de homem como uma totalidade, da qual a espiritualidade é parte integrante.

Pessoalmente, não poderia realizar um trabalho de reflexão sobre o amor e sua manifestação na relação terapêutica sem, inevitavelmente questionar a respeito da espiritualidade. Considero o amor uma realidade que transcende a dimensão psicológica. Acredito que o homem que seja capaz de viver e relacionar-se como indivíduo, também é capaz de transcender a si mesmo para ir ao encontro do outro, através do amor.

Por isso considero fundamental o trabalho psicoterapêutico para indivíduos que buscam amar e desenvolverem-se, relacionando-se não só com outros homens, mas com toda a humanidade, e o universo a que pertencem.

Ao favorecer a ampliação da consciência do cliente facilitamos o desenvolvimento da sua consciência "cósmica", ou seja, sua vivência como parte integrada e integrante de um universo maior.

Nesse sentido também nos aproximamos dos terapeutas originais. Temos funções, denominações, discursos, atitudes, instrumentos e papéis diferenciados dos missionários do início da era cristã. Porém, realizamos tarefa similar, adequada às necessidades e ao *modus vivendi* do homem contemporâneo. Servimos ao próximo, procuramos aliviar seu sofrimento, buscamos auxiliá-lo a encontrar o sentido de sua existência, responsabilizando-se por ela e aprendendo a se relacionar com mais familiaridade e fraternidade com os seres humanos.

O funcionamento psicológico integrado possibilita o acontecimento do amor em nossa vida. O amor é uma atitude diante da existência, e nós, psicoterapeutas, "exercitamos" esse amor no encontro com os clientes. Sinto que só o amor pode dar sentido aos nossos conhecimentos profissionais, quando assumimos a responsabilidade de tentar auxiliar alguém. Sem amor não podemos "tocar" o outro em sua profundidade, nem compreender seu mundo; sem amor, não há técnica nem instrumento que possa ajudar o outro a renascer e acreditar em si mesmo; sem amor, não há atitude que crie cumplicidade, intimidade e confiança; não é possível encontrar verdadeiramente alguém.

Sem amor, não existe diálogo e não é possível estar para o outro.

O amor torna o trabalho psicoterapêutico pleno de sentido!
O amor faz do nosso trabalho não só Ciência, mas Arte!

BIBLIOGRAFIA

BARTHES, R. *Fragmentos de um Discurso Amoroso*. Rio de Janeiro, Francisco Alves, 1986.

BUBER, M. *Eu e Tu*. São Paulo, Moraes, 1974.

BUROW, O. e SHERPP, K. *Gestaltpedagogia*. São Paulo, Summus, 1985.

CAPRA, F. *O Ponto de Mutação*. São Paulo, Cultrix, 1982.

CROCKER, S. F. "Proflexão". *Gestalt Journal*, vol. IV, n. 2, outono de 1981. (Tradução de Selma Ciornai para o curso de Gestalt-terapia do Instituto Sedes Sapientiae.)

FAGAN, J. e SHEPHERS, I. E. *Gestalt-terapia*. Rio de Janeiro, Zahar, 1980.

FRIEDMAN, M. A confirmação e o desenvolvimento da pessoa. *The healing dialogue in Psychotherapy*, Nova York, Londres, Jason Aronson. (Tradução para o curso de Gestalt-terapia do Instituto Sedes Sapientiae.)

_____. A confirmação em terapia. *The healing dialogue in Psychotherapy*, Nova York, Londres, Jason Aronson.

FROMM, E. *A Arte de Amar*. Belo Horizonte, Itatiaia, 1990.

GOMES, J. C. V. *Logoterapia*. Petrópolis, Vozes, 1987.

HYCNER, R. H. A Relação Eu-Tu e a Gestalt-terapia. *The Gestalt Journal*, vol. XIII, n. 1, 1990.

JOHNSON, R. A. *We: A Chave da Psicologia do Amor Romântico.* São Paulo, Mercuryo, 1987.
JUNG, C. G. *Memórias, Sonhos e Reflexões.* Rio de Janeiro, Nova Fronteira, s.d.

KARDEC, A. *O Evangelho Segundo o Espiritismo.* São Paulo, Difusão Espírita, 1984.
KEPNER, J. I. *Body Process. A Gestalt Approach to Working With the Body in Psychoteraphy.* Nova York, Londres, Gestalt Inst. of Cleveland Press, 1987.
KOHUT, H. *A Restauração do Self.* Rio de Janeiro, Imago, 1988.

MILLER, A. *O Drama da Criança Bemdotada.* São Paulo, Summus, 1986.

NARANJO, C. *La Vieja y Novisima Gestalt. Actitud y Pratica.* Santiago de Chile, Ed. Cuatro Vientos, 1990.

PERLS, F.S. *A Abordagem Gestáltica e Testemunha Ocular da Terapia.* Rio de Janeiro, Guanabara, 1988.
_____. *Gestalt-terapia Explicada.* São Paulo, Summus, 1977.
POLSTER, E. e POLSTER, M. *Gestalt-terapia Integrada.* Belo Horizonte, Interlivros, 1979
PORCHAT, I. e BARROS, P. (orgs.) *Ser Terapeuta.* São Paulo, Summus, 1985.

ROGERS, C. e ROSEMBERG, R. *A Pessoa como Centro.* São Paulo, E.P.U., 1977.
ROHDEN, H. *Einstein. O enigma do Universo.* São Paulo, Alvorada, 1987.
ROSENBLAT, D. "What Has Love Got To Do Whith It?" *Gestalt Journal,* vol. XI, n. 1, 1988.

RUDHYAR, D. *Tríptico Astrológico.* São Paulo, Pensamento, s.d.

SAGNE, C. *O Erotismo Sagrado.* São Paulo, Martins Fontes, 1986.

SANFORD, J.A. *Os Parceiros Invisíveis.* São Paulo, Paulinas, 1986.

SILVAN. A. *Fragmentos da Metamorfose. Cuidado Materno e Cuidado Psicoterapêutico.* São Paulo, Edusp, 1988.

TELLEGEN, T. A. *Gestalt e Grupos. Uma perspectiva sistêmica.* São Paulo, Summus, 1984.

WEIL, P. *Amar e Ser Amado.* Petrópolis, Vozes, 1977.

www.gruposummus.com.br